臺灣歷史與文化 研究輯刊

二十編

第 9 冊

從文學類型角度探討基隆文學的特色（上）

賴桂貞 著

花木蘭文化事業有限公司

國家圖書館出版品預行編目資料

從文學類型角度探討基隆文學的特色（上）／賴桂貞 著 -- 初
版 -- 新北市：花木蘭文化事業有限公司，2021〔民110〕
目 4+162 面；19×26 公分
（臺灣歷史與文化研究輯刊二十編；第 9 冊）
ISBN 978-986-518-556-5（精裝）
1. 臺灣文學 2. 地方文學 3. 文學評論
733.08 110011284

ISBN-978-986-518-556-5

9 789865 185565

臺灣歷史與文化研究輯刊
二十編 第 九 冊 ISBN：978-986-518-556-5

從文學類型角度探討基隆文學的特色（上）

作　　者	賴桂貞	
總 編 輯	杜潔祥	
副總編輯	楊嘉樂	
編　　輯	許郁翎、張雅淋、潘玟靜　美術編輯　陳逸婷	
出　　版	花木蘭文化事業有限公司	
發 行 人	高小娟	
聯絡地址	235　新北市中和區中安街七二號十三樓	
	電話：02-2923-1455／傳真：02-2923-1452	
網　　址	http://www.huamulan.tw 信箱 service@huamulans.com	
印　　刷	普羅文化出版廣告事業	
初　　版	2021 年 9 月	
全書字數	254780 字	
定　　價	二十編 14 冊（精裝）台幣 35,000 元	版權所有・請勿翻印

從文學類型角度探討基隆文學的特色(上)

賴桂貞　著

作者簡介

賴桂貞，女，臺灣新北市，東吳大學法律系學士、佛光大學公共事務學系碩士、佛光大學中國文學與應用學系博士。曾任職補習班講師、新北市私立時雨中學、台南市立將軍國中、基隆市立暖暖高級中學，現為基隆市立暖暖高級中學國高中專任教師。

提　　要

　　基隆無完整之文學史，僅有片段的零星紀錄，只因基隆尋根較晚，無法詳細了解先賢的經歷，包括清領時期、日治時期、國府接收、二二八事件等等。庶民生活與文人雅士經歷，所有事件皆是珍貴的歷史研究素材，基隆文學發展史以之建構基礎；基隆位於台灣頭，開啟台灣大航海時代的來臨，對於臺灣的交替變動也應具體描寫，恰可形塑基隆海洋文學。

　　本研究主要在探討基隆文學的發展，以文獻分析法、比較文學研究法、訪視法、歷時法與共時法。本研究共計訪談四位地方菁英，期能為地方多保存一份珍貴史料。在原住民文學中，探源基隆最早原住民——凱達格蘭族的遷徙、凱達格蘭族與基隆的各個族群的互動與風俗民情、文學發展。明鄭清初時期，基隆一片藍縷，地名暖暖、八堵、七堵、五堵的堵字涵義、雞籠的由來，眾說紛紜，地名是歷史，也是族群的認同，此三地名與凱達格蘭族有關，因此有考究必要。

　　基隆之俗文學，雅俗共賞，包含民間文學、通俗文學，曲藝文學、大眾文學，舉凡諺語、褒歌、謎語、神話、民間故事、通俗小說……等皆屬之，因民間文學多屬時間地點模糊地帶，無法以斷代方式評論，而探究基隆之古典文學、新文學，則分三個朝代，逐次分析各時期文學的流變、政治與文學關係。不同時代，文學發展迥異，在不同發展的模式中，漸次建構基隆文學發展史。在清朝古典文學中，以雞籠積雪詩最引人注目，在多方的印證：「雞籠積雪確有其事」。在日治時期與中華民國到臺灣時期，新文學或古典文學皆有碩果，只是在時代變遷下，古典文學式微。基隆三面環海一面山，山海非阻隔，形塑基隆海洋文學，亦是區域特色。檢視當代海洋文學作者群，基隆市政府每年海洋文學徵文競賽，成果頗豐。

　　本研究之範圍以歷代行政區域為場域，作家的選定以「2007臺灣作家作品目錄」、基隆市政府官網公布之基隆作家為憑，作家不論是短暫居留或在地人，凡基隆人以書寫基隆為主題，是以「基隆為核心」，書寫基隆不限基隆人，基隆人不限以書寫基隆事物為對象，本研究採黃得時與葉石濤之說，定義從廣。歷經兩次的鄉土論戰與現代詩論戰，在不同觀點彼此激盪之下，臺灣文學更臻成熟。

謝　誌

　　人生的境遇太奇妙，因為寫博論，遇到好幾個奇遇，我找到高中的老師鄭文正，是鄭愁予的親弟弟，找到我高中的同學，去年十月十日喜相逢，當然聊天之際也談到許多有關鄭愁予的事。因為研究基隆原住民文學，遇到凱達格蘭族酋長後代潘江衛，又曾遇到北管大師陳添火、周勉、再遇船長詩人林福蔭……真是千載難逢的奇遇，大確幸！

　　我用我的生命記憶，書寫這本論文，三十年來的願望終於完成，我時常邊寫論文邊哭，不是論文太難，而是一幕幕的過往在腦海重現，有些事情不是說忘記就能忘記，那種刻骨銘心，深深的誓言，我一直沒有忘記，這本論文的完成，要感謝的人太多了……

第一謝　謝天謝地謝父母

蓼蓼者莪，匪莪伊蒿。哀哀父母，生我劬勞。
蓼蓼者莪，匪莪伊蔚。哀哀父母，生我勞瘁。

　　感謝父母生我育我，在我生病倒下的那一刻，您們的淚，讓我突然害怕進去手術房後再也出不來，真的很對不起我的阿爹阿娘，讓您們如此憂心，對我出院後的照顧，倍感窩心，父母恩不能忘；再次謝天與謝地，讓我有命留在人間，才有機會完成此作；再謝我的兄弟姊妹們的支持，一路走來，我不孤單，謝謝你們幫我打字幫我顧家，有你們真好。博士口考當天我的大姊與小姪子陪我來校，大姊看我很緊張，她心疼地說：「當初支持你讀博士班不是要你拿學位，是要你改變環境，脫離過去，走出陰霾，學位不重要，拿不到

學位也沒關係」，手足之情我明白；也要感謝我的孩兒陪我上圖書館，親情恩，不能忘。

第二謝　謝師恩

虛空無處所，仿佛似琉璃。

詩境何人到，禪心又過詩。

在研究所的歲月，承嘉雯師、信元師的啟蒙，最最感恩麗華師不棄，有著菩提心的麗華師，是經師，也是人師，在我遇病劫期間，她時時刻刻為我祈福，四方諸佛護我，讓我走過生命的凶險，她特別撥空找時間指導我，知道我大病初癒，不斷的鼓勵我，不給我壓力，要我慢慢寫論文，實在是我生命中的貴人，師恩，不能忘。我與麗華老師在學校不知擦肩幾次，真是命中註定，經過幾番波折，終於建立師徒之緣，這份緣實在太深了，感謝上蒼的安排，不忘佛光悠悠歲月。

學問是在語言溝通中建構起來的，那一天博士論文口考，哇，很不一樣的人生體驗，不經一番寒徹骨，焉得梅花撲鼻香，經過「論文口考」的折磨後，我肯定又驕傲的說：「我長知識了」！ 感謝博學鴻儒陳廖安教授、蔣秋華教授、簡文志教授、林以衡教授，特別撥冗評審我的論文。

我在佛光從碩班到博班，遇到許多良師益友，一日佛光人終身佛光人，感謝母校對我的栽培。簡老師在我送論文外審時，一再為我加油打氣，安慰我不要緊張，感激在心；林老師非常熱心，對學生愛護有加；遠從臺師大來的陳老師加強我俗文學的概念；中研院院士蔣老師提供好多寶貴資料，這是坊間不易收集到的，連我同事友人都驚呼「怎麼有這麼好的事」！當蔣老師說：「恭喜你畢業了」，我眼淚奪眶而出，當下擁抱著我的恩師蕭老師，謝謝蕭老師細心耐心的指導，沂水春風，以後每年至少會跟蕭老師您黏一次，呵呵！有幸師承門下，是一件很快樂很幸福的事！

另再感謝玄奘大學退休教授詹裕桂協助指導，本校退休教授朱春生時時勉勵，非常感謝。

第三謝　謝同儕同事

春風無遠近

花兒自然香

筆硯相親守初衷，晨昏歡笑互切磋，我在博班遇到的二位貴人：我的同

學何柏崧與我的學妹賴輝珠，在佛光求學那些日子，給予我無限送暖，無私的付出，我們三人行，時而瘋狂逍遙自在，時而正經研究論文，謝謝你們陪我博士學位口考，我虛長你們幾歲，我以身作則先拿到學位，你們兩隻小的，請跟我來，明年換我陪你們口考，謝謝你們，好愛妳們，莫忘佛光最美的時光。

　　謝謝鄭裕成校長在校務上的協助，您不勉強我當行政，讓我有機會專心完成學業。在職場，我非鄉愿，難免會得罪人，在工作上也會遇到瓶頸，當我陷入困境時，若華姐、家錚、瑞霞、美桂、永平、嘉萍、佩琪、桂芳、阿得、阿娥……你們總是支持我，尤其在我休養期間，不時的探望、加油打氣，甚至怕我太悶，家錚、美桂還開車帶我出門散心……一場病劫，許久未聯絡的閨密也出現了，遠在美國的大學同學泡泡，經由 LINE 給我聽藥師經，去年五月返臺，馬上來看我，今年一月回臺，她想念家鄉的臭豆腐，我們不顧武漢疫情，就相約吃臭豆腐去了；因工作關係她於四月回美，蒐集一些口罩讓她戴著……還有好多親朋好友，今生今世的情誼，沒齒難忘。

　　我的一位君子之交的好友：總務處永遠的余組長志宏，我們原要討論基隆大小事，余組長你卻無預警的永遠退休，如果你還在的話，最愛與我抬槓，一定又要「虧我」「損我」你才高興，呵呵……我任職訓育組長那年，謝謝你們夫妻的陪伴與鼓勵，好友，我拿到博士學位了，與你分享，在學校少了你，感覺有點無聊！

2020.5.6 於瑞芳

　　後記：基隆市立圖書館、基隆市立暖暖圖書館大力協助資訊的提供，俾使本論文更順利完成，特此致謝。

目

次

圖目次

第一章 緒 論

第一節 研究動機與目的

一、研究動機

　　文化隨著人在區域中流動，舉凡人類的一切活動，在這區域內所產生的現象，以文學的方式呈現出來，是為區域文學；「區域」一詞最早見於戰國《鶡冠子》，內容包括郡、縣、鄉、里、伍等政治建制，又言：「天子中正，使者敢易言尊益區域……故四方從之，惟恐后至」。〔註1〕然國若無地不成國，人若離地難存活，人必須依附在地理中，方能立足；另《易·繫辭》言「仰以觀於天文，俯以察於地理」，「地理」一詞，孔穎達疏曰：「地有山川原隰，各有條理，故稱理也。」〔註2〕是故地理乃為大地之描繪，因此寰宇表面之自然川川、生物群類和人文現象的空間分布與變化，含括區域類型和相互關係皆屬之，而所謂地理空間是指人類在此地上所發生的一切現象，然區域地理主要是在探究地理空間，其內容包含自然與人文環境的現象，有關文學與地理關係分析如下：

（一）自然環境

　　自然環境包括氣候、地形、水文、土壤、動植物等要素，自然環境除提供人們物質生活，也影響作家的文化性格、感知和審美觀念。例如基隆雨多，乃地理環境使然，基隆多山地形，冬迎東北季風，天空多雲霧，雲霧繚繞山

〔註1〕鶡冠子撰，黃懷信整理，《鶡冠子匯教集注》（北京：中華書局，2004 年）卷中，王鐵第九，頁 193～194。

〔註2〕孔穎達，《周易正義》（北京：中華書局，1980 年）卷七，《十三經注疏》，頁77。

水間，如此光景是故成為基隆文人靈感的活泉。

闕成基（1916～1975） 〈冬至雨〉

連日嚴霜冷氣侵，搓糰燈下獨沉吟，

無端戶外瀟瀟急，一夜催詩動客心。〔註3〕

王錫麗（1959～） 〈雨絲〉

萬縷微霏薄霧偕，披蓑獨釣鱟江涯，

漫天颺響瀟瀟韻，好藉催詩入雅懷。〔註4〕

瀟瀟雨使基隆贏得雨港之稱，港都夜雨迷離又浪漫，雨絲纏綿，燈下孤寂，唯作詩解寂寥。又基隆特殊的岬角地形，最適於漁業、航運發展，岬角豎燈塔，岬灣是避風港，有與山海共舞的原住民，構成最純真的藝術繡像，文人筆下的山海如詩如畫，多雨的氣候，霧鎖基隆，如夢如幻，特殊地景基隆仙洞巖，印證海陸變遷及外營力作用對地形的影響，滄海變桑田，卻也留下神仙故事，耐人尋味。

（二）人文環境

北魏末酈道元為《水經》做注，親自地理實察，觀看大小河川及有關的歷史遺蹟、人物掌故、神話傳說，並記錄碑刻墨跡和漁歌民謠，若非熟悉當地風俗民情，便無《水經注》之完成。《漢書・地理志》：「言其地分，條其風俗。」〔註5〕風俗因人而成，而人文環境則包括人口、產業活動、聚落、交通、風俗習慣、典章制度等。人文環境又與自然環境關係密切，作家受環境感知和地理價值判斷的影響，外在的地理區域成為人們創作的心靈空間，甚至成為靈魂的安定之處。〔註6〕所謂故鄉情結，是一般人普遍存在之心理狀態，謝冰瑩離開故鄉湖南到臺灣，所作之《湖南的風》、《故鄉》、《愛晚亭》，書寫內容充滿故鄉氣息。地理提供一個寬廣的空間予人，使人能夠穿梭在自然和人文之間，離開自然，人便成遊魂；離開人文，人即成野獸〔註7〕，惟有自然與人文的融合、交會，才能昇華人性的光輝。

〔註3〕陳兆康、王前，《雨港古今詩選》（基隆市立文化中心，1998年），頁70。闕成基，大同吟社社員。

〔註4〕陳兆康、王前，《雨港古今詩選》，頁243。王麗錫，基隆詩學會會員。

〔註5〕班固，《漢書》（北京：中華書局，2008年）卷二十八下〈地理志〉，頁1655。

〔註6〕周曉琳、劉玉萍，《空間與審美——文化地理視域中的中國古代文學》（北京：人民出版社，2009年），頁15。

〔註7〕楊義，《文學地理學會通》（北京：中國社會科學，2013年），頁7。

林月娥（1920～　）　　〈讀書燈〉

搖紅燈影映晨昏，十載窗前一盞存；夜夜分光勤苦讀，王侯自古出
寒門。〔註8〕

「十載窗前一盞存」之涵義，乃感嘆人生短暫因此立身宜早，又云將相本無
種，是為勵志詩，其中「搖紅燈影映晨昏」即是人文地理景觀的產物，由此可
知文學與地理的關係如影隨形。

　　然土地孕育萬物，故土地亦為萬物之母，正如《管子‧水地篇》所云「地
者，萬物之本原，諸生之根苑也。」〔註9〕說明土地的存在，才能有廣闊的空
間，以追溯時間的記憶，而地理深深誘導文學的發展，凡在基隆這塊區域所
發展出來的文學即屬基隆文學，亦即基隆文學在此空間自然生成。

陳軼珍（1904～1996）　　〈鄉思〉

基隆卅載久棲遲，日之山邊與水涯；望斷雲山天接處，不堪回首是
鄉思。〔註10〕

離鄉千萬里，在臺海兩岸海禁政策下，只能思鄉不能返鄉，人言落日是天涯，
寓居基隆三十載，望斷天涯仍不見家。這是作家在基隆這塊土地上所發出的
悲鳴之聲，由念故鄉而寫〈鄉思〉，間接也顯示時代背景的殘酷，基隆文學於
焉產生。

　　地理是文學的根本，亦是文學的生命依托，文學地理即在探究文學的根本
和生命。總之，「區域文學」即在地的作家將其內心的感受呈現出來，藉由文人
之筆，彩繪多姿多采的文學意涵，再經由傳承，豐裕人們的心靈。惟書寫基隆
文學者為數不少，卻分散在各類報章雜誌或地方志、叢書內，未聞基隆有文學
史，直至2010年陳青松《基隆古典文學史》問世，基隆文學才算是較有系統的
整理，但體例以古典文學為主，又基隆無文學志，僅《基隆市志卷六‧文教志
藝文篇》，偏重古典文學作家作品的書寫，篇幅16～108頁，而新文學思潮與
作家作品僅126～131頁，顯然新文學的內容仍有增幅空間，且在日治時期的

〔註8〕林月娥（1920～），字青燕，基隆人，勤攻書法精研古文，曾為基隆詩學研究
　　　　會會員。詳見基隆詩學研究會，《海門擊鉢吟集》第一集（基隆：基隆詩學研
　　　　究會，1985年），頁68。
〔註9〕黎翔鳳撰、梁運華整理，《管子校注》（北京：中華書局，1962年）卷十四，
　　　　〈水地篇〉，頁392。
〔註10〕《雙春詩會吟草》第一輯，頁14。陳軼珍，江蘇沭陽人，雙春吟社第二任社
　　　　長。引自陳青松《基隆古典文學史》，頁266。

新文學、陳青松《基隆古典文學史》之後的古典文學、第二次大戰後至今（2019）基隆新文學的發展，鮮見有規劃之整理，基隆文學史的脈絡有中斷的危機，所幸 2016 年有邱天來《基隆詩學發展史》，承續《基隆古典文學史》至 2015 年的基隆文學活動；近年民意抬頭，也重新檢視所生長的土地，是故青黃必須接續，才能承先啟後，基隆人才濟濟，尤其後起新秀不容小覷；口傳文學有些不夠嚴謹，甚至有誤，也有待積極驗證，此乃本文研究動機之一。

區域地理的主角是人民，居住在基隆地區的族群，有漢族與原住民，族群更無貴賤之分，每個族群皆有其特殊的文化，凱達格蘭族當然不例外，凱達格蘭族曾是基隆地區的主人，社寮島原是其活動大本營，現今最大原住民族群卻是阿美族，因之凱達格蘭族其起源及其文學發展，急待查證，因族群起源即是追憶祖先的來處，亦關聯俗文學的形成，以相關文獻或口述記錄，提供學者研究思考和加以論述，此乃研究動機之二。

海濤聲、汽笛聲，聲聲傳入基隆，基隆與海洋是宿命共同體，不論西班牙統治北臺灣、清領統治、日治時期乃至中華民國到臺灣，每個時代的基隆發展，皆與海洋息息相關，如聖薩爾瓦多城、海門天險、基隆砲臺……凡走過者必留痕跡，更加證明基隆與海洋的關係密不可分；基隆依山傍海又有河，多情文人以此景與物著墨者必不在少數，尤其基隆市文化局自 2002 年至 2019 年舉辦海洋文學獎徵文，即有許多海洋文學佳作，從古典到現代，露野狂草，不知幾度春秋，絕妙文章不寂寞，應與挖掘，此乃研究動機之三。

號稱北臺灣玄關的基隆，走過絕代風華，如暖暖街九萬十八千、三千基隆河淘金客、基隆礦坑的開發，二次大戰美軍大量進駐基隆，國民政府轉進來臺皆從基隆進入臺灣，大量人口湧入基隆，形成多元文化；隨著基隆河的沒落、礦產停採、政局改變，眾多的人潮如同潮汐般來來往往，基隆的繁華又如潮汐般潮起潮落，基隆文學史在波浪中浮浮沉沉，基隆原住民的口傳文學，有著浪漫的氣息，基隆的俗文學，是市井小民純真的寫照，基隆的中元祭，是基隆人慈悲的善，葉俊麟常以霧寫歌詞，象徵著基隆有朦朧之美，希冀藉由基隆文學展現基隆的真善美。

二、研究目的

基隆地區的孩子若不識基隆文化，便不知如何愛自己鄉土，因此基隆文學肩負薪傳責任，基隆的故事，必須傳承下去。基隆市政府成立基隆故事館，

敍說著基隆城市的成長與驕傲，但是基隆的文學脈絡仍然匱乏，於是統整並發現基隆文學是當務之急。基隆文學包括原住民文學、俗文學、古典文學與新文學，新文學又分現代文學與當代文學，新文學以新詩、小說、散文為主要體例；跨越時空由明末、清領時期至 2019 年，時間漫延三百多年。俗文學得以認識先人的文化，更能使人們在這塊土地上產生自我認同〔註 11〕，其中民間文學因為口述相傳，時間較為不確定，胡萬川《臺灣民間故事類型》對所謂的民間文學，定義為口語的、口述的、口傳的文學，由群眾之間口耳相傳，父傳子、子教孫這樣的口語傳達觀念的藝術。胡萬川歸納民間故事來源，多來自臺中、臺南、雲嘉，卻不見基隆，基隆是否沒有民間故事，值得斟酌。在《臺中文學史》中，有關臺灣當代區域文學史的回顧中卻獨漏《基隆古典文學史》。〔註 12〕可見基隆文學的發展並非耀眼，以致被忽略。

　　區域文學主要是在揭示此地區的特色，然而現今存在的有關基隆文獻多為片段式，彰顯基隆的獨特性不夠，因此本研究之目的為：

（一）探究基隆原住民文學與俗文學的發展與流傳

　　基隆有別於其他地區的特殊環境，也必有其特殊文化，然口傳文學在時空的轉變下，極易亡軼，因此必須將口傳文學轉化為文字，使這些文化資產得以保存下來。俗文學包含民間文學、曲藝文學、通俗文學與大眾文學，是民間小人物生活的縮影。《基隆市志》指出「根據古代文獻記載，難窺基隆之原住民與凱達格蘭族有直接關係」，又云：「本市原始居住之平埔族凱達格蘭族人……」〔註 13〕前後顯有矛盾，然潘英指出：「在大陸移民移入之前，今之基隆市地區實為凱達格蘭平埔族雞籠社等所居之地」。〔註 14〕可知凱達格蘭族比漢人早定居於基隆，如今原住民文化極待重新整建，因此，積極尋找凱達格蘭族的文化，是一種使命；新北市有由蕭美英等人完成三貂角凱達格蘭族

〔註 11〕胡萬川，《何謂民間文學？民間文學的采錄與整理》（豐原：臺中縣立文化中心，1993 年），頁 2～3。

〔註 12〕《臺中文學史》乃 2014 年發行，《基隆古典文學史》則早在 2010 年出版，顯然《基隆古典文學史》成遺珠之憾。許俊雅則在〈建構與新變／敞開與遮蔽——臺灣區域文學史的意義與省思〉，《臺灣文學研究學報》第 18 期，頁 14，有提及《基隆古典文學史》的出版。

〔註 13〕洪連成編攝，《基隆市志》（基隆：基隆市政府，2001 年）卷二・住民志民族篇，頁 30。

〔註 14〕潘英，《臺灣拓殖史及其族姓分部研究》（臺北：南天，2003 年），頁 78。

口述歷史，闡釋凱達格蘭族遷徙到基隆的過程，然 1992 年臺灣省文獻會雖於 7 月出版《基隆市鄉土史料——耆老口述歷史（一）》〔註15〕，卻僅是一般史料而已，尤其地方耆老對某些事件的見解，眾口紛紜，莫衷一是；每個地區必有其文化，可由俗文學一窺其貌，基隆的俗文學尚待發現。

（二）形塑基隆海洋文學

基隆濱海，人民與海洋為伍，臨海的環境，成就人民心胸寬廣，孕育獨特的文化風格，由山與海交織的文化，意義非凡，東年對海洋文學的見解在《給福爾摩莎寫信》中闡釋明確：「海洋文學就是描寫海洋以及相關的現象、精神、文化以及人在其中生活的意義」。〔註16〕亦即潟湖、沙洲、養殖魚塭、漁民、燈塔、港口……等皆為海洋文學書寫對象，由此觀之，海洋文學書寫的層面甚廣。基隆的海洋文學早期多以漁民漁村為對象，如漁民文學：王拓、東年、杜披雲，然近年在基隆古典文學、新文學與基隆市政府舉辦之海洋文學類之比賽作品，海洋文學書寫樣貌多元化，視野更加寬廣，有益海洋文學之發展。

（三）建構基隆文學發展史

基隆的文學史，只見陳青松《基隆古典文學史》內容史料豐富，易於了解基隆古典文學之發展，尤其日治時期以詩社為探討範圍，藉詩社明白日治時期的文風與社會環境，及至 2016 年邱天來《基隆詩學發展史》問世，更可詳見基隆詩學發展的全貌。又於 1930 年代第一次鄉土論戰，1970 年代現代詩論戰、第二次鄉土論戰，代表臺灣話文與中國話文之爭，臺灣話文隨之興起，如王拓小說《金水嬸》，陳福蔭散文……有著濃厚的鄉土情懷，深具基隆特色，現今基隆眾多文學創作者當中，發掘文學魁首與新生代傑出文藝創作，這也是本研究所要探究的；且整理基隆文學，從古至今一脈相承，利於供人查詢與了解，並使作家們的作品流芳。

文學史乃經建構、不斷的篩選、淘汰、更新所形成，過程中作者對作品的價值判斷，絕對中立是不可能的，誠如許俊雅所言：

> 文學史家往往將契合其文學史觀的作品納入文學史的敘述之中，並
> 通過對作品的評價與闡釋而賦予其不同的分量，甚至將其奉為文學

〔註15〕臺灣省文獻委員會編，《基隆市鄉土史料——耆老口述歷史（一）》（南投：臺灣省文獻委員會，1992 年 7 月）。
〔註16〕東年，《給福爾摩莎寫信》（臺北：聯合文學出版社，2005 年），頁 191。

經典，而將違背其文學史觀的作品排斥在文學史之外，不予評價，
顯現了文學史的敘述對於作品的彰顯與遮蔽的權力關係，相對於政
治、經濟權力而言，文學史的權力是比較間接和隱蔽的。〔註17〕
歷史與政治脈脈相關，客觀是最重要關鍵，寫史憑斷董狐筆，擺脫個人情感，
更要遠離是非，不受權力的支配與控制，跨越悲情與苦難，此為寫史基本態度；
歷史不只是緬懷、史料的堆積，更是創新價值，細數基隆三百餘年的文學之路，
政治往往牽制文學的趨向，日治時期有皇民化運動，於是便有皇民文學，中華
民國到臺灣戒嚴時期而有反共文學，此乃時代之產物，其背後或有不為人知的
祕辛與苦衷，不宜以黨派喜惡排斥，此方不破壞文學史之完整性。

第二節　文獻探討

　　在全球的律動下，激起對本土文化重視的風潮，若無本土文化的認知，
欲與國際接軌，猶如失根蘭花，則屬不易；區域文學乃是地域性的文學，強
調特定行政區域〈如縣市鄉鎮與聚落〉所產生或發展的文學，是相對於全國
的、中央的文學。撰寫區域文學史的意義，在於能夠羅列較多出生於當地，
或旅居該地且對文學有所貢獻的作家及作品，並加以探討分析，藉此發揚當
地的文學特色與人文風貌。〔註18〕基隆的地形是山環水抱，與海共舞；基隆
的風俗民情是充滿傳奇，在作家的作品中，一一呈現。

一、文獻回顧

　　近年來研究基隆的相關著作頗多，茲就兩本訪談專書著作的文獻資料做
一回顧：

（一）臺灣省文獻委員會編《基隆市鄉土史料——耆老口述歷史（一）》

　　本書採集口述歷史以座談會的方式進行，臺灣省文獻委員會於 1991 年 1
月 4 日分組召開基隆市耆老口述史料座談會（共五組〔註19〕），以一題目，由

〔註17〕許俊雅，〈建構與新變／敞開與遮蔽——臺灣區域文學史的意義與省思〉，《臺
　　　　灣文學研究學報》第 18 期（2014 年 4 月），頁 24。
〔註18〕廖振富、楊翠，《臺中文學史》（臺中：臺中市政府文化局，2015 年），頁 14。
〔註19〕此次舉辦口述歷史採訪，以座談方式進行，受邀耆老，皆由基隆市政府遴選
　　　　社會菁英、地方賢達，八十餘位參與盛舉。分五組同時舉行座談，針對同一

與會的地方賢達答覆，記錄地方八十位耆老對基隆地區近代史事的記憶，尤其對基隆民間文學的研究，頗有助益，大凡基隆地區鄉土文化如文史、經濟、禮俗……皆含括之。口述歷史所採訪之內容偏向於文獻上未記載者，或在書刊中鮮見之資料，這才是口述歷史採訪的用意。〔註20〕基隆市從古至今，尚有許多文史資料是文獻所未記載的，惟賴地方耆老一本熱愛鄉土赤誠，攸關地方史實及典故，罄所知聞，再經由專家學者的記述、整理、考證，以在文獻上留下永久紀錄；《基隆市鄉土史料——耆老口述歷史（一）》中針對基隆較有爭議性的文物，作口傳敘述，發表己見，惟每人見解不一定相同，如雞籠一詞，眾說紛紜，交叉比對，仍無定論。

（二）《基隆市民間采集（一）》

昭和 16 年（1936）李獻璋編著《臺灣民間文學集》，而基隆於 1999 年 6 月方出版《基隆市民間采集（一）》一書，由黃致誠等田野調查，余隧賓主編，基隆市文化局出版，共收集歌謠、俚諺、民間故事、謎語等四十六則，是基隆地區第一本民間文學專集，然內容略少，體制不分，所謂基隆民間文學必須：

1. 具有基隆地區的特色，並非只要是基隆市民所說的民間文學都可採集，因人的驛動，中南部地區的民間文學亦可能傳入基隆，如書中的〈搖嬰仔歌〉、〈一的炒米香〉這幾乎是全臺都通行的歌謠、順口溜，無法看出基隆特色，總之，應以本地特色為主。

2. 基隆市共分七個行政區，本書採集之樣本集中在暖暖區、中山區與八斗子，宜各區皆訪視，無法涵蓋整個基隆地區。

講述者皆為熱愛鄉土的地方耆老，有柯炳衛〔註21〕、洪連成〔註22〕、杜披雲、周勉〔註23〕……等，在諺語中，可知先人智慧與日常生活情況與地方產物特色，另有地方傳說、謎語等，基隆人說基隆諺語，以經濟、氣候、風俗民情、歌謠四大部分做解析，《基隆市民間采集（一）》仍具參考價值。

題目以引導發問方式，將預先擬定之題綱逐項請教，每位耆老的見解或有不同，不做結論，僅誠實記錄。探討內容為基隆市開發史、地方沿革、涉外事務、宗教信仰、傳統禮俗……等。

〔註20〕臺灣省文獻委員會編，《基隆市鄉土史料——耆老口述歷史（一）》，頁91。

〔註21〕柯定邦，暖暖區公所秘書，柯文理，暖暖的活字典。

〔註22〕洪連成，基隆人，雞籠文史工作室第一任會長，《基隆市誌》編輯者，高等商業學校肄業，日治時期的區長。

〔註23〕周勉，為周印的後代，其夫王水永為文化局發展課課長。

《基隆市民間采集（一）》，其中諺語的解說，僅簡短敘述，並未全盤檢視諺語本身的意義，區域性的民間文學不具通俗性，文字的盡頭處，就是口傳。口傳，主要在補充文史中所缺記載的，口傳也有一些錯誤，如漢朝今文經，為人詬病者為口誤、背誦錯誤、記錄筆誤等，《基隆市民間采集（一）》也有此缺失，其內容有些令人不解，且對諺語、傳說故事的詮釋太精簡，讀來不易，內容亦有疏漏或錯誤，如書中媽祖的故事，穿鑿附會，也有待釐清。

僅就《基隆市民間采集（一）》與《基隆市鄉土史料——耆老口述歷史（一）》兩書做一比較，如下表：

表 1-1　《基隆市鄉土史料——耆老口述歷史（一）》、《基隆市民間采集（一）》兩書比較表

項目書名	《基隆市鄉土史料——耆老口述歷史（一）》	《基隆市民間采集（一）》
1. 出版時間	1992 年 7 月	1999 年 6 月
2. 出版單位	臺灣省文獻委員會	基隆文化局
3. 受訪者基本資料	備齊	不全
4. 受訪者區域	平均	不平均
5. 受訪題目	有，「半結構訪談」	無，「無結構訪談」
6. 受訪者身分	地方資深耆老	地方資深耆老
7. 訪談模式	座談會，人數多	個別訪談

資料來源：本研究依據上述兩書製表。

「半結構訪談」即預先設計訪談大綱，依據訪談大綱的提示與受訪者進行訪談。《基隆市鄉土史料——耆老口述歷史（一）》此座談會訪談大綱是很正式的訪談綱要（題目），研究者對所有的受訪者皆詢問相同的問題，但並非以問卷的嚴格形式進行，研究者按照各個受訪者的不同情況，彈性調整訪視問題的順序，乃至於發問方式等；而所謂的「無結構訪談」則是沒有訪談大綱，研究者在進行訪談時只有腹案和提示，並且這腹案可能隨著研究的進行而不斷調整，《基隆市民間采集（一）》採集方式是一對一（或二），從訪談者的內容觀察，無任何題材限制，只要是在基隆曾發生過或曾聽聞過的事，皆規範在基隆民間文學範圍內，然質性研究的品質要侷限，開放性訪談並非天馬行空，而無論是「半結構訪談」和「無結構訪談」，都屬「深度訪談」。

本研究對四位地方賢達進行訪談，訪談模式為半結構訪談，一對一對話，訪談內容以基隆各區為時空場域；好的質性研究更是對話性的，因知識是共

構的，是人與人之間的磨合、衝突、討論而共同建立起來的，因此在研究報告中應當包容各種不同的聲音及觀點，如《基隆市鄉土史料——耆老口述歷史（一）》；這二本書部分相關資料，對本研究第二章基隆原住民文學、第三章基隆俗文學、第五章中二二八事件之溯源，具有參考價值，尤其採集資料方式足為本研究之借鏡。

二、前行研究成果

有關臺灣各區域文學史的在地書寫，始於 1993 年陳玉滿等多人合著的《臺中縣文學發展史：田野調查報告書》、而後才有 1995 年施懿琳、許俊雅和楊翠撰寫《臺中縣文學發展史》〔註24〕，又 1997 年施懿琳、楊翠著《彰化縣文學發展史》，1998 年江寶釵〔註25〕主編《嘉義地區古典文學發展史》；1999 年陳明臺《臺中市文學史初編》，於 2000 年莫渝、王幼華〔註26〕著《苗栗縣文學史》，一直到 2008 年彭瑞金著《高雄市文學史》、2009 年李瑞騰等人撰寫《南投縣文學發展史上卷》、2011 年李瑞騰、顧敏耀、羅秀美完成《南投縣文學發展史下卷》，2015 年廖振富、楊翠編寫《臺中文學史》，臺灣區域文學史的書寫，隱然可見一條清楚的脈絡與日趨完備的撰寫體例〔註27〕，對其他尚未書寫區域史之區域，有很大的鼓舞作用。

基隆地區對本土文化的尋根較晚，學界有關基隆地域史的研究成果，以往主要依附在早期臺灣史研究〔註28〕：臺灣荷據時代研究、平埔族研究、明鄭時期研究之介紹與說明專文中；1990 年代隨著有關臺灣的西班牙文史料之陸續發掘及受關注，基隆地域史的研究成果亦可見於西班牙與臺灣早期關係史研究之回顧專文內〔註29〕；從 2000 年後，已出現以「基隆市」、「基隆學」、「基隆地方史」為標題之文獻目錄與研究回顧著作〔註30〕，可知基隆地域史

〔註24〕翁柏川，〈區域文學史寫作再思考〉，《臺灣文學館通訊》第 6 期（2012 年 6 月），頁 22。

〔註25〕江寶釵：國立中正大學臺灣文學研究所教授。

〔註26〕王幼華，國立聯合大學教授。

〔註27〕翁柏川，〈區域文學史寫作再思考〉，《臺灣文學館通訊》第 6 期（2016 年 6 月），頁 22。

〔註28〕曹永和，〈臺灣早期歷史研究的回顧與展望〉，《思與言》第 23 卷 1 期（2009 年 5 月），頁 3～17。

〔註29〕李毓中，〈西班牙與臺灣早期關係史研究的回顧與展望〉，《臺灣文獻》第 52 卷 3 期（2001 年 9 月），頁 357～371。

〔註30〕王志仁，《基隆學研究文獻目錄 I》（基隆：作者自印，2008 年）。

之研究風氣日漸形成，相關之史料與研究成果更為豐碩。2002 年曾子良完成
《基隆市文學類資源調查成果報告書》，〔註31〕內容主要有民間文學（包含歌
謠、民間故事、俚語等）與傳統文學（包含清領時期、日治時期、臺灣光復後
至 1990 年代基隆的傳統文學），並對基隆地區傳統文學作家與作品做調查；
此報告書與陳青松《基隆古典文學史》、邱天來《基隆詩學發展史》成為日後
研究基隆文學的重要參考文獻。

　　近年研究基隆的專書如雨後春筍，隨著科技的進步，網路文學相繼出
現，學校教育也越來越重視鄉土教育，〈吟遊尚有人〉，此為基隆市安樂高中
李啟嘉老師所設計的網頁，內容主要在介紹基隆傳統文學，共有八大單元，
此網頁製作的目的，為使學生了解詩社的活動樣貌，尋求傳統在今日扎根
傳流之道〔註32〕，每個主題篇名，充滿古典韻味。因特殊的歷史情結，學
校教育與土地產生疏離感，惟近年地方意識抬頭，注重所生長的土地，而今
而後，鄉土的文化與文學，更應有眾人傳承。就論文方面，由全國碩博網得
知，至 2020 年 2 月 3 日止〔註33〕，以基隆為研究主體之論文共計 1331 篇，
其中多以生態、產業、風俗民情、教育環境……等為研究對象，文學類者卻
歷歷可數。

　　本研究主要以（一）專書：《基隆古典文學史》、《基隆詩學發展史》做為
探討基隆相關詩社與古典文學之依據、另以《基隆市民間采集(一)(二)(三)》、
《基隆市志》、《基隆市鄉土史料——耆老口述歷史（一）》為探究基隆俗文學
與近代基隆文學發展之憑據，另以江寶釵纂修《嘉義縣志卷十・文學志》與
胡幼華《苗栗縣志卷二十四・文學志》為書寫楷模，並以多種期刊論文如《臺
灣民間文學學術研討會暨說唱傳承表演論文集》等為參考資料或佐證資料，
分述如下：

（一）專書
1. 陳青松（1950～）　　《基隆古典文學史》

《基隆古典文學史》為陳青松歷時五年精心之作，自清領時期至 2010 年

〔註31〕曾子良，《基隆市文學類資源調查成果報告書》（基隆：基隆市立文化中心，
　　　　2002 年）。
〔註32〕http://library.taiwanschoolnet.org/cyberfair2005/anlo2/main.htm 吟遊尚有人——
　　　　基隆地區古典詩社與傳統詩人，取自 2016 年 5 月 23 日。
〔註33〕臺灣博碩士論文知識加值系統 http://ndltd.ncl.edu.tw/cgi-bin/gs32/gsweb.cgi/
　　　　login?o=dwebmge 取自 2020 年 2 月 3 日。

間，古典文學中的詩、詞、賦、碑文，甚至謎語、對聯……皆有收集之作，本書所選錄的詩作雅章，皆為設籍基隆、寓居雨港，或參與基津詩社之詩人儒士〔註34〕，內容可謂完備，對於每個特殊的年代背景皆有說明，況且書中古典詩社一覽表、古典詩人一覽表，鉅細靡遺，對文學的流度，詩社團體及刊物均有詳細的記錄，對於後世研究基隆文學者，甚有助益。

臺灣文學的發展，不論原住民文學、俗文學、古典文學，乃至二戰前後的新文學，因歷史的更迭，有著時代的精神；文學的發展與時空相連續，處於什麼樣的時代，便有什麼樣的文學，法國大革命而有《雙城記》，美國南北戰爭而有《亂世佳人》，中國明代天下大亂，廠衛橫行，君不成君，臣不成臣，因而有《水滸傳》、《西遊記》、《金瓶梅》之出版，臺灣歷經荷、西、清、日、中華民國政府統治，表現出的文學態樣，各具特色，在漫漫的歷史洪流中，基隆文學載浮載沉，更仆難數，撿拾片段編織成串，基隆港都的傳奇不能斷，循著前人足跡，繼往開來，此為刻不容緩之事。

2. 邱天來（1936～） 《基隆詩學發展史》

2016 年 12 月《基隆詩學發展史》付梓，為邱天來所著，由明清日治時期至光復後的詩社發展、基隆重要詩社、詩學會與謎學會之關係，近代詩學活動紀錄……等均有詳實記錄，可銜接 2010 年陳青松《基隆古典文學史》後續之不足，另據《基隆文學類資源調查成果報告書》、《基隆市志·文教志藝文篇》等資料，對於日治時期基隆詩社參與鄰近吟會活動仍有遺漏，於此書再予概略補足，俾使基隆文學系統脈絡更清晰。

3. 余隧賓、許貞梅、曾子良 《基隆市民間采集（一）（二）（三）》

基隆本是溫馨小鎮，卻逢多事之秋，基隆豐富的礦產，引起外患覬覦；基隆人民有著海洋的剽悍性格，以無比的堅毅精神，開荒拓土，這期間小城風光，山水奇關，緬邈幽深，引人入勝。

《基隆市民間采集（一）（二）（三）》三書，乃訪視地方耆老，經由口述而記錄成書。人類最早史料，多依遺物、口傳而來，口述歷史的重要性，不僅是對史料研究的一種互補，亦有搶救史料的功能。在諺語中，可知先人智慧與日常生活情況與地方產物特色，這三本書的基隆諺語為閩南語發音，乃因泉州人、漳州人皆為閩南人之故，訪視內容有諺語、褒歌、地方傳說……等。《民

〔註34〕陳青松，《基隆古典文學史》（基隆：基隆文化局，2010 年），頁 427。

間文學（一）（二）（三）》，由余隧賓、許貞梅、曾子良接力完成，受訪者皆為本地社會菁英與地方賢達，期能從現階段的鄉土教育與基隆文學結合，使下一代更能認識鄉土，更愛鄉土。本研究期能補闕拾遺，探究淵源，避免以訛傳訛，還原基隆文學初始風貌。

4. 洪連成（1921～）等　《重修基隆市志》

　　基隆市政府於 1952 年成立基隆市文獻委員會，負責蒐集並保存基隆地方資料，後決議創修市志二十種，含概述、自然環境、沿革、人口、教育、文物、人物……等。《基隆市志》始於 1953 年編篡，各篇自 1953 年起出刊，至 1959 年出刊完成，一般稱此套志書為《舊版基隆市志》；1990 年代針對《舊版基隆市志》內容之不足而有重修或增補者，於 2001 年出版之《基隆市志》稱之為《重修基隆市志》，1996 年 4 月開始著手編撰，2001 年 12 月告成〔註 35〕，編輯作者群有黃致誠《基隆市志卷一·土地志地理篇》、洪連成《基隆市志卷二·住民志民族篇、禮俗篇、宗教篇》共三冊、魏靜芬《基隆市志卷三·政治志社會篇》、陳青松《基隆市志卷六·文教志文化事業篇》、鄭慶宗《基隆市志卷六·文教志教育行政篇》、陶一經《基隆市志卷六·文教志藝文篇》、鄭俊彬《基隆市志卷七·人物志列傳篇》……等，合計七卷二十七篇，含卷首卷尾共有 29 冊，歷時約 5 年之修志工程可謂浩大繁重，對保存地方文物貢獻良多。《基隆市志》為基隆文史佐證的一部分，亦屬珍貴的學術資源，記載基隆地方自然和社會發展變化的情況，自有其客觀性。

5. 江寶釵（1957～）　《嘉義縣志卷十·文學志》

　　《嘉義縣志卷十·文學志》係由江寶釵纂修，本論文之研究架構參閱其方志撰述結構與時代意義，就撰述結構而言，由原住民文學、俗文學、古典文學、及至新文學的興起，將新文學納入結構兼具發揚菁英文學之意義且符合時代潮流趨勢；俗文學亦不失社會真實脈動，因每個朝代，每個族群皆有其特殊的文化，原住民文學、清代古典文學、日治時期新舊文學與第二次大戰後新舊文學，形成古典文學與新文學兩大類型，如此編撰敘述主軸，不僅成為其他地方文學史的參考架構，亦即臺灣的區域文學以原住民的文學為起點，基隆地區屬多元族群，各族群各有其獨特文化，逕自揮灑，不失偏頗，且不宜過度拘泥現行的行政單位，畢竟改朝換代後，區域依各朝行政便宜行事，

〔註 35〕洪連成，《重修基隆市志》（基隆：基隆文化中心，2001 年），頁 2。

而有所改變，區域文學史「區域特色」是必要條件，因此行政區的劃分影響作家的取捨與「在地性」特色的抉擇。

（二）期刊

由《東華漢學》、《臺灣文學研究學報》、《中正大學中文學術年刊》及其他學術機構所發行的期刊取得相關資訊，如：

1. 李依倩〈在地的遊子／歸鄉的旅人：「臺灣文學旅行系列」中時空交錯的地方幻影〉，〔註36〕乃對「在地」的釋義分明，以「在地」作家親歷的斯土風華，導覽臺灣地景。

2. 許俊雅〈建構與新變／敞開與遮蔽──臺灣區域文學史的意義與省思〉，為對區域文學史的編寫進行回顧與展望，並對「區域文學史的界義及其困境」、「敞開與遮蔽：文學史敘述方法及其限制」、「區域文學史與臺灣文學史的分期問題」展開討論。

3. 李嘉瑜〈理想化的完美山水──臺灣古典詩中的基隆八景〉，八景為文化地景（Cultural Landscape），其主要內容在於詮釋基隆八景的特色，並說明基隆八景詩對八景地方感（The sense of place）形塑的影響，基隆八景與基隆八景詩之關聯。

4. 陳惠齡〈地景、歷史與敘事：竹塹文學的地方詮釋及其文化情境〉，此文解讀地景文學與歷史關係並為之敘述，「地景」尚包括因受到自然條件及自然環境影響，而結合社會、經濟、文化力量，長期演變展現的「人文風景」。

5. 黃憲作〈花蓮文學的邊界──論花蓮文學的定義與花蓮文學史撰述的困境〉，其內容重點是釐清花蓮文學的定義與其撰述的困難，因此必須重新探討區域文學與區域文學史的相關論述。〔註37〕

6. 柯喬文〈基隆漢詩的在地言說：《詩報》及其相關書寫〉，〔註38〕此文以詩人通過「居」的現象，與日常生活敘事，建構詩學空間，對於基隆漢詩有詳盡的研究。

〔註36〕李依倩〈在地的遊子／歸鄉的旅人：「臺灣文學旅行系列」中時空交錯的地方幻影〉，《東華漢學》第 5 期（2007 年 6 月），頁 213～255。

〔註37〕以上五篇論文皆源自臺灣文學研究學報；《臺灣文學研究學報》第 18 期（2014 年 4 月），頁 4～151。

〔註38〕柯喬文〈基隆漢詩的在地言說：《詩報》及其相關書寫〉，《中正大學中文學術年刊》第 2 期（2008 年 12 月），頁 161～200。

7. 翁柏川，〈區域文學史寫作再思考〉，〔註39〕其對於區域文學史的思考
　　與實踐必須有建安風骨，有著時代的特徵，以原住民口傳文學為一區
　　域史的起點，並不以漢人為中心的思想，並評陳青松《基隆古典文學
　　史》雖保存大量古典文學作品，但對歷史意識略有書寫不足。

另有許多文獻值得參閱，附於參考目錄。

（三）學位論文

本研究參閱的論文以博士論文為主，碩士論文為輔，分述如下：

1. 褚昱志，《國族認同迷失的辯證——臺灣皇民文學本質之探析》，佛光
　　大學文學系博士論文，2017 年。本文在日治時期對國族認同迷失，皇
　　民文學是否為漢奸文學，有另類思考。

2. 陳藻香，《清代臺灣戲曲活動與發展研究》〈日本領臺時代的日本人作
　　家：以西川滿為中心〉，東吳大學日本文化研究所博士論文，1995 年。
　　作者對西川滿從生平、個性、作品有精闢的分析。

3. 張啟豐，《清代臺灣戲曲活動與發展研究》，成功大學博士論文，2004
　　年。臺灣戲曲活動十分貼近人民生活，歲時節慶戲曲表演時時可見，
　　作者對於戲曲與民生、戲曲的流變……有詳細的論述。

4. 許世旻《乍寒還暖：論臺灣八景中的雞籠積雪》，成功大學歷史學系碩
　　士論文，2012 年。雞籠是否積雪，作者經由科學證據，百年懸案終有
　　答案，詩人們隔空論戰雞籠積雪，留下精彩詩篇。

5. 卓佳芬，《〈基隆八斗子海洋文化之形塑》，臺灣師範大學臺灣文化及語
　　言研究所碩士論文，2007 年。八斗子是基隆文學創作的活泉，古典文
　　學或新文學皆有相關作品產生，八斗子曾是凱達格蘭族活動的主要場
　　域，以海為田，作者以八斗子的地形、氣候等自然環境作為背景，說
　　明八斗子居民的聚落形成與特色與早期人們生活經驗留下的俗諺、居
　　民的宗教信仰，從文學作品中形塑八斗子的海洋文化。

這些學位論文都能為後續區域文學史書寫，奠定良好的基礎。雖然每本專書、
每篇論文、每期期刊文章，研究面向不同，但綜合起來恰可統整基隆文學面
面觀，提供豐富資料，給予研究方向的啟發和資料的參考以及文本比對，助
益匪淺。

〔註39〕翁柏川，〈區域文學史寫作再思考〉，《臺灣文學館通訊》第 6 期（2016 年 6
　　　　月），頁 22。

第三節　研究範圍與方法

對於任何歷史的解讀，都不免帶有政治色彩，史家如何看待一個社會，從而評價社會中所產生的文學，都與其意識形態有關聯，此為區域文學史撰寫之難處。然基隆從中華民國到臺灣，長久以來處於藍帶空間，直至近年變天後，藍帶退色轉綠，因歷史的背景時時有意識形態爭議。又基隆因地形受限，人口鮮有成長，人口卻移動頻繁，來來去去，有因求學工作短暫居留者，如鄭愁予、吳念真，而卻少有人知道這是基隆的作家。Mike Crang 《Cultural Geography》文化地理學，內容涉及世界、空間和地方如何為人所詮釋與利用，以及這些地方應如何有益於當地文化的延續，這也是區域文學重要的精華；然區域文學史中作者身分、區域、分期，皆有模糊空間，亦待釐清，葉石濤編譯《臺灣文學集 1》則引述黃得時對作家身分的界定，人是歷史的主角，基隆作家身分的界定以屬人主義與屬地主義並重。

基隆與山海為伍，海洋文學自然產出，詩歌吟詠或散文小說，尤其近年基隆文化局舉辦的海洋文學徵文活動，每年以不同文類為徵件主題，如「2017 基隆海洋文學獎」散文類組：首獎〈武昌街 70 巷的海〉〔註40〕，書寫童年往事，洋溢基隆特色，獲評審一致讚賞，「基隆海洋文學獎」，彙集許多文學佳作，為文學寶庫增添許多異彩。

一、研究範圍

（一）基隆文學的時空界定

1. 作家

從 1930 年代、1970 年代鄉土文學論戰中，葉石濤在《臺灣鄉土文學史導論》提到：

> 終將荷蘭殖民時代到臺灣割讓給日本，近三百年間游宦人士的吟詠詩及遊記，皆納入臺灣鄉土文學史的架構，他推崇郁永河所寫的《裨海紀遊》，是一部臺灣鄉土文學史上，永不能磨滅的偉大寫實作品；然郁永河並非出生於臺灣，葉石濤卻把他包容進臺灣鄉土文學史裡，正呼應了臺灣的鄉土文學，應該是以「臺灣為中心」寫的

〔註40〕簡麗春，〈基隆海洋文學獎散文徵選　張葦菱摘冠〉，《臺灣新生報》，2017 年 8 月 29 日。

作品的這種論點。〔註41〕

黃得時對於區域文學中的作家身分〔註42〕的見解是包含由狹到廣，分三個層次，依據此概念，「基隆文學」的範圍，前提以「基隆為中心」，分為最核心是依人觀文，居處在基隆的文人，立足於基隆經驗，創作與基隆相關的文學，如杜披雲：《風雨海上人》、王拓《金水嬸》；次一層是屬地主義，內容以基隆為書寫範疇，作者則不限於基隆當地人，屬於域外觀察者，如藍博洲：《幌馬車之歌》；最外一層則是屬人主義，出生在基隆的文人或寓居在基隆的文人，雖可能從基隆經驗出發，但書寫與基隆不相涉的文學，皆屬之，如西川滿：《赤崁記》以臺南為故事背景、葉俊麟：〈淡水暮色〉，描繪淡水的純樸風華；無論是歸鄉的浪子或在地的遊子，黃得時將「短暫逗留」者，納入文學史探討〔註43〕，這與基隆的開放性相吻合。

　2.　地區

　　「文學的母體是鄉土，作家的作品必然反應作者關心熟悉的環境」〔註44〕，這熟悉的環境就是鄉土，韋煙灶對鄉土的定義是：「人們出生或久居的地方（local），對該地產生濃厚的情感即故鄉或鄉土（native place）。」〔註45〕鄉土是個人情感自然流露的地方，鄉土應是整體的，不容分割。Soja 指出：

〔註41〕聯合報副刊主編，〈一九七○年代臺灣的鄉土文學論戰〉，《臺灣新文學發展重大事件論文集》（臺南：國家臺灣文學館籌備處，2004 年），頁 144。
〔註42〕黃得時的意見更為可取。他認為臺灣文學史的範圍和所要提的對象，可分為五類：
　　一・作者出身臺灣，文學活動在臺灣實踐的；
　　二・作者出身臺灣之外，但在臺灣久居，文學活動也在臺灣實踐的；
　　三・作者出身臺灣之外，只有一段時間在臺灣進行文學活動，之後又離開臺灣；
　　四・作者雖然出身臺灣，但文學活動在臺灣之外的地方實踐；
　　五・作者出身于臺灣之外，而且沒有到過臺灣，只是寫了有關臺灣的作品，文學活動地點也在臺灣之外。見葉石濤編譯，《臺灣文學集 1》（臺北：春暉出版社，1996 年），頁 4～5。
〔註43〕柯喬文，〈基隆漢詩的「在地言說」：《詩報》及其相關書寫〉，《中正大學中文學術年刊》第 2 期（2008 年 12 月），頁 164。
〔註44〕希代編輯群策劃，《我們都是臺灣人》（臺北：希代書版，1993 年 4 月），頁 131。
〔註45〕韋煙灶認為：HOMELAND 含有鄉土的空間意識比較符合鄉土教育的鄉土定義。資料來源：韋煙灶，《鄉土教學與教學資源調查》（臺北：臺灣師範大學地理學系，2002 年），頁 1。

「地方是一個場景，人們在此中情境互動而產生地方感（sense of place）。」
〔註46〕因為對地方有特別情感，才有源源不斷的懷舊情思，正如 Malpas 所言：「在文學中，個人常與地方交錯於記憶之中，記憶往往又與特定空間或地方緊密連結。」〔註47〕在區域中人是主角，經由地方政治、歷史、經濟、地理環境的媾和，成就文學的誕生，形成為個人、少數人、多數人的共同記憶，然有關區域文學之定義，彭瑞金《高雄市文學史》〈自序〉：

> 凡發生在「高雄市」這個生活空間裡的文學，都謂之高雄市文學
> 史。……作為區域文學史撰述的《高雄市文學史》，並不適用種族、
> 歷史、環境的文學發展觀察通則。以高雄市為出生地或長久居住、
> 設籍與否，不是考量一個作家是否屬於高雄市作家的必要條件，作
> 品是否屬於作家居住高雄市時所作，作品內容是否與高雄市的人、
> 事、時、地、物相關，都不是本文學史設定的論述門檻。〔註48〕

許俊雅認為：

> 某地區的獨特氣候、宗教信仰、文化傳統、風俗習慣、政治趨向等
> 創發出文學作品，而這些文學作品反映該地區文學的整體風格；因
> 此在這種獨特的文化氛圍下生活的作者及其作品的思想、感情、經
> 驗和視野，皆為該區域文學的重要組成部分。〔註49〕

彭瑞金認為凡發生在「高雄市」這個生活空間裡的文學，皆謂之高雄市文學，是屬地主義，許俊雅亦認同在當地的自然環境與人文景觀屬區域文學要素，但其強調要具有特色。綜觀上述二說，因此本研究對「基隆文學」的定義，從廣義認定，以基隆為中心，大抵基隆人所寫的文學作品或外地人以基隆為描述對象的文學皆屬之，因為都是對基隆有一份特殊的感覺（fleeing）且古今皆宜，只是區域必須有特色，否則基隆諺語傳到高雄，就變成高雄諺語，似乎不妥。另有關原住民文學的時空界定，葉石濤認為：

> 原住民文學包括山地九族、平埔九族所寫的文學，皆包括在臺灣文

〔註46〕 *Edward W. Soja, Postmodern Geographies: The Reassertion of Space in CriticalSocial Theory*（London: Verso, 1989） 79.

〔註47〕 *eff E. Malpas, Place and Experience: A Philosophical Topography*（Cambridge: Cambridge University Press, 1999） 175.

〔註48〕彭瑞金，《高雄市文學史》（高雄：高雄市文獻委員會，2007 年），未編頁碼。

〔註49〕許俊雅，〈建構與新變／敞開與遮蔽——臺灣區域文學史的意義與省思〉，《臺灣文學研究學報》第 18 期（2014 年 4 月），頁 18。

學裡面，但原住民文學不包括日本人、漢人所寫的原住民題材作品。〔註50〕

洪士惠闡釋：

原住民文學，最為廣泛的劃分方法即是以作家身分、作品主題為主。當作家具有原住民身分時，其所寫的作品因替「自身發言」而在某個層面上就具有一定的公信力，這也是目前臺灣學界定義「原住民文學」的主要方向。〔註51〕

原住民文學的主體是原住民，其創作的範圍可以及於一切人生的各個層面，而不限與山地或原住民有關的題材，但不包括日本人、漢人所寫的原住民題材作品，例如西川滿寫新詩〈一把番刀〉，喬林寫〈狩獵〉……。如果不把原住民文學的定義，嚴格定在具有原住民身分血統的作家寫作的作品，可能就無法對原住民文學定出明確的範圍。〔註52〕因此原住民文學作家必須是具有原住民身分，而書寫內容則無限制，亦即凡是原住民作家書寫的作品即可稱之為原住民文學。

每個時期的行政區域時有異動，明鄭時期基隆屬於天興縣天興州，清初康熙時屬諸羅縣，光緒元年（1875），易名為「基地昌隆」，由於受到清廷的重視，設臺北府正分府（通判）於基隆，基隆成為首次有官方組織的區域；基隆正式的開發，晚至光緒中法戰爭（1884～1885）之後，隨著臺灣建省，基隆隸屬臺北府淡水縣，光緒14年（1888），基隆設廳，轄領「金基貂石」四堡，所謂：

「金」即金包里堡（今萬里、金山，石門部分鄉治）。

「基」即基隆堡（今基隆市區，瑞芳部分鎮治）。

「貂」即三貂堡（今貢寮，雙溪部分鄉治）。

「石」即石碇堡（今汐止、平溪，瑞芳基隆相鄰部份）。

至日治時期，基隆行政區，多次變遷，明治29年（1896）3月31日，殖民者公佈〈臺灣總督府地方官官制〉（敕令第91號），次日施行，基隆仍領有四堡，

〔註50〕〈傾聽原聲　原住民文學座談會〉，《文學臺灣》第4期（1992年9月），頁70～94。

〔註51〕洪士惠，〈誰在說原住民／少數民族的故事？─論杜修蘭《沃野之鹿》與遲子建《額爾古納河右岸》的歷史書寫〉，《成大中文學報》第38期（2012年9月），頁179。

〔註52〕孫大川主編，《臺灣原住民漢語文選集─評論卷》（臺北縣：印刻生活雜誌，2003年），頁86。

至大正 13 年（1924）12 月 25 日，「基隆市」首度出現，隸屬於臺北州基隆郡。

　　現今基隆市形似秋海棠葉，面積 132.7589 平方公里，位於台灣北端面臨東海，地形多山而不甚峻，最高峰姜子寮山止於海拔 750 公尺，蟠曲起伏，遍於境內，基隆河流經八堵、七堵、六堵、五堵間，平地概分布河之兩岸，濱海港灣，為台灣北部門戶。〔註53〕而基隆範圍劃分中正、仁愛、信義、中山、安樂、七堵及暖暖共七個行政區，附屬島嶼七座，矗立海上，基隆市形勢衝要，為產煤之區。至於時空經緯，基隆的行政區所涵蓋的範圍：荷西、清領、日治乃至中華民國到臺灣，基隆市的範圍雖有變動，但仍以此為基隆文學史書寫的主要場域。

　　基隆的地理環境與歷史文化特質，反映出基隆具有豐富的文學與文化，依地理位置而言，基隆市為「臺灣頭」，基隆谷灣式的港口、利於船舶的停泊，又是避風港，因此在十七世紀基隆便開啟台灣大航海時代的來臨。基隆有質優的煤礦，引起外患的非分之想，例如咸豐 4 年（1854）馬修·卡爾布萊斯·培理（Matthew Calbraith Perry）歸國途中曾在臺灣基隆停泊約十日，返國後向美國總統建議占領臺灣，原因即是要取得臺灣煤礦及作為遠東貿易中繼站。昔日基隆河的河運昌隆，造就暖暖的繁榮，隨著艋舺大稻埕茶商興起，大部分茶葉的外銷由基隆港輸出，基隆河沙金的發現，造成掏金熱……在民間諺語與作家詩作中可見端倪，上開敘述適可詮釋自然景觀明顯影響基隆文學的發展。

　　3. 時間與空間

　　文學史的分期應當以文學系統的變換為依據，然文學卻時常受政治影響，魏晉南北朝政治的紊亂，迫使文人禁聲，文人為避禍，而發展出玄學，明清文字獄興盛，文人僅以小說抒發己懷，因此本研究以歷史的脈絡、地理自然景觀與社會變動檢視基隆文學。因為文史不分家，一般文學史的著作，其章節架構大致依時間先後為序，歷史上的基隆，曾先後經歷西荷、清代、日治、第二次大戰後中華民國四個不同政治階段；時間與地緣不能分割，有關基隆地景文學正是人與地互動所產生的，例如地名的探究，可知當地發展概況，地名乃土地的名字，了解地名的緣由，則可認知時空的格局，也可還原歷史地理的原貌，「明白自身居住的空間與發生的歷史，是對自我認同的一個開端

〔註53〕李汝和主修，《臺灣省通志·卷一土地志》（臺北：臺灣省文獻委員會，1970年），頁 34。

與啟蒙」〔註54〕，斯土斯民，故明白地名的意義，也是認識一個族群的關鍵；又人居於此環境所產生的人文現象，或喜或怒，或哀或樂，在文學作品中自然顯現，基隆有特殊的地理環境與歷史背景，產生的社會變動也特殊，「特殊性」即是區域文學研究的重點。

4. 文學類型

以作品的「形式」分類，臺灣文學類型可分為書寫與口傳兩大類，在口傳項下主要是原住民文學與俗文學中的民間文學，俗文學包羅萬象，有口傳有書寫，例如民謠、諺語、謎語、神話、傳說、寓言、民間故事、戲劇、歌仔冊、流行歌詞……皆屬之。在書寫項下分為古典文學、新文學，古典文學的文體以古典詩為主，另有詞、賦、傳記……等等，新文學又分為現代文學與當代文學〔註55〕，新文學主要的體例又可分新詩、散文與小說。不論何種文學類型，皆是作者自然而然的真情流露或有感而發或刻意創作，藉以抒發情意、表達思想、與人溝通等，亦可愉悅、感動讀者，深具藝術美學。

二、研究方法

研究方法有：文獻分析法、比較文學研究法、訪視法、歷時法與共時法……等多種研究方法，本研究從多種角度多元視野去研究基隆文學。茲分述之：

（一）文獻分析法

參閱基隆地方志、地方文學與有關基隆的史料如方志《諸羅縣志》、《淡水廳志》、與《臺北文獻》……等，另再參閱其他報章期刊雜誌的作品……有助於了解基隆的歷史淵源與直接或間接對基隆作家作品予以分析解讀，例如〈雞籠積雪〉事件，參閱臺灣各地縣志，以辨真偽。

（二）比較文學研究法

中國自隋唐以降，日本派遣唐使至中國學習漢文化，因此中日有著共同的文化淵源，其中最明顯的交集是漢詩，日治時期基隆詩社大盛與日本統治臺灣政策的推波助瀾，不無有關，日本六三法體制與國民政府初到臺灣的行

〔註54〕浦忠成，〈臺灣原住民民間文學發展之探討〉，林松源主編《首屆臺灣民間文學學術研討單會論文集》（彰化：臺灣省礦溪文化學會，1997年），頁334。
〔註55〕江寶釵將五四運動後的文學分為現代文學（1919～1948），中華民國在臺灣時期為當代文學（1949～今 2019），以中華民國在臺灣為斷代。詳見江寶釵纂修，《嘉義縣志卷十·文學志》（嘉義縣：嘉義縣政府，2009年），頁13。

政長官官署體制相似，人民產生的反應結果竟也大致相同。

　　民俗是民間社會生活中傳承文化事項的總稱，是屬於世世代代傳襲的基層文化，透過民眾口頭、行為和心理表現出來的事項。〔註56〕世界各地皆有其文化特色，蒲松齡的《聊齋志異‧促織》有人變蟋蟀的情節，卡夫卡的《變形記》有人變甲蟲的故事，東晉陶淵明的《搜神後記》有記載螺女報恩，今五堵有田螺報恩，動物報恩給予後人啟示：為人之道。在不同文化的情境下，激盪出來不同的火花，然在不同的時空竟有相仿的故事情節：人變形、動物報恩，此乃文化普遍性，但變形的狀態與報恩方式不同，此為文化差異性，儘管各地文化同中存異，異中有同，一致的人性就是善。

（三）訪視法

　　目前基隆文學分散在地方志、民間文學、基隆古典文學史及基隆區域的遊記、傳記內，故需整合歸納，並訪視耆老以補闕遺，擬定訪談對象為學者、及地方賢達：王國緯〔註57〕、余阿海〔註58〕、潘江衛〔註59〕、林福蔭等四人，以設定之題目做深度訪談，期使經過訪談發現與研究的主題相關者，或以解釋研究對象的一些因素，例如風光一時的基隆河沙金，藉王國緯訪談而在諺語中得知，有關掏洗沙金的產業，藉余福海訪談得知媽祖人格化〔註60〕，趣味橫生，增添民間文學的精采篇章。

（四）歷時法與共時法

　　本研究採歷時（Diachronous）與共時（Synchronous）雙軸研究法，歷時法在於追尋「雞籠」地名最初源頭，並探究雞籠原住民與漢人之間的互動以及基隆的開發與清領、日治、民國治臺政策對基隆文學之發展與演變，有鑑於歷來「基隆文學」之研究，多限於作家文學作品上，或多屬片段式的研究或附屬在其他研究上，而對於以「口傳」方式的民間文學，甚少涉略，故以「口傳」之故事，專訪地方賢達，為論述補不足，引用流傳於雞籠地區之諺語、歌謠、傳說、謎語，加以歸納、整理、分析，其中亦採民間文學之理論與研究法，加

〔註56〕王甲輝，《臺灣民間文學》，頁104。
〔註57〕王國緯乃基隆文史工作室的資深研究者，現為大青農場負責人，推展鄉土教育不遺餘力。
〔註58〕余福海為前安德宮管理人，對地方文史了解甚深。
〔註59〕潘江衛為凱格蘭族酋長的後代。
〔註60〕余福海訪稿，頁302。

以驗證雞籠故事之生命史；共時法則有三原則，分別是「非因果性原理」、「有意義的巧合」以及「神祕性」〔註61〕，在此原則下，沒有因果關係的情況時，出現的事件卻彼此存在有意義的聯繫，這些聯繫常取決於人的主觀經驗，視之為具有神祕性的特質，就如郁永河、鄭用錫、林占梅不約而同到基隆，是有意義的巧合，三者之間至雞籠無因果性，所留下的文學作品皆有助於基隆文風的啟蒙，這樣的結果是主觀的判定，也是始料未及的不尋常偶然。

第四節　章節架構

　　第一章緒論，主要是藉由研究動機確立研究目的，研究必須有方法，方不致淪為夸夸其談事倍功半，研究必須有所本方不淪為信口雌黃，因此文獻探討、研究範圍與方法、章節架構，格外重要。本研究以區域地理的角度研究基隆文學，以此三軌架構形成空間，即以歷史、地理、社會三方面剖析基隆文學。欲明白基隆文學必先知基隆的歷史，文學常受時代背景影響，關於基隆的開發，本研究分為三期，即清領時期、日治時期、中華民國到臺灣時期，隨著時代變遷，文學發展迥異。基隆文學的重要代表作家，所謂作家，必須是長時間或一段時間從事寫作者，且其作品公開，接受正面、負面批評，方謂之作家，基隆作家包括設籍在地、遷居、暫居：如就學就業者，居住當地一段時間，與書寫基隆者皆是。本文所擷取之作家以《2007臺灣作家作品目錄》〔註62〕、基隆市文化局列入作家名錄者，曾子良《文學類資源成果報告書》中所羅列的作家屬之，所以不論是在地作家、旅臺作家、流寓作家，書寫基隆的作家，另或參加國內外大型文學徵文比賽得獎者亦屬之，因為空間流動，人的流動，故採廣義。

　　第二章基隆之原住民文學書寫，先探究基隆原住民之來源，最早居於基隆者為凱達格蘭族，後再了解凱達格蘭族之社會變遷，在凱達格蘭族社會發展中，具有自然風采，由神話、歌謠、口述風俗民情等等，可窺知其生活樣貌；並分析清領、日治、中華民國到臺灣，此三時期基隆原住民文學發展。另再探討與凱達格蘭族有關的三個地名：雞籠、暖暖、八堵，由三個地名可知

〔註61〕約瑟夫‧坎伯瑞著，魏宏晉等譯，《共時性：自然與心靈合一的宇宙》（臺北：心靈工坊文化，2012年），頁48。
〔註62〕詳見附錄一：基隆文學作家小傳，頁227。

凱達格蘭族與漢人之互動關係。

　　第三章基隆之俗文學，俗文學是最能直接反映庶民生活，不僅是民間智慧的結晶，更是民族的文化資產，人世間難脫生老病死、戰爭愛情，恩怨情仇，於是交織成繽紛的世界，人們得以從俗文學中汲取經驗，增加生命的內涵。本章論述之俗文學第一節民間文學，內容涵蓋歌謠、諺語、謎語、神話、傳說、民間故事……等。第二節曲藝文學，如戲曲、歌仔冊，第三節通俗文學，亦是大眾文學，包含流行歌詞、通俗小說等，都值得深入探析；又因為俗文學有許多是口耳相傳，時間並非十分確定，因而不標示來源或時間。

　　第四章基隆之古典文學，起自清領時期，再經日治時期，最後探討中華民國到臺灣時期，此些階段古典文學之發展，第五章基隆之新文學，新文學始自五四運動後方出現，白話文運動引發第一次鄉土論戰而後又有新詩論戰與第二次鄉土論戰，歷時日治時期與中華民國到臺灣時期。新文學又分現代文學與當代文學，「現代」一詞，具有一定時間斷限的意義，此一斷限即五四以後，國民政府遷臺以前（1919～1948）。國民政府遷臺以後至今（1949～2019），則稱之為「當代」。〔註63〕第四章與第五章皆探討各朝代的時代背景並呈現文學各體例的作家作品並分析其特色。其中基隆之海洋文學如鄭愁予新詩、王拓小說《金水嬸》……與報導文學如沈振中《老鷹的故事》一步一腳印的觀察老鷹生態與藍博洲《幌馬車之歌》追根究柢找真相，深具基隆區域色彩，值得探討。

　　第六章結論，闡明研究成果並分析基隆文學發展的困境與未來發展，以供基隆市政府規畫之參考，並號召有志一同的學者專家，期能為基隆文學略盡一分心力。另檢視基隆文學發展史之建立、重構鄉土情懷之執行、再造基隆榮景之願望，期能帶給基隆文學新的活力泉源；基隆文學的傳承與鄉土教育關係最密切，鄉土情懷，每人對生長環境必有一份特殊情感，尤其在中華文化的薰陶下，對落葉歸根更有一份執著，由懷鄉意識、大地之愛、人物關照，可見作家們細膩的心思與對故鄉之愛，另鄉土之愛必須傳承，因而基隆文學肩負薪傳重責大任，基隆文學與地方的鄉土教育必須融合，使基隆文學在地生根茁壯。

　　發表研究成果，並呈現參考文獻：古籍、地志、專書、單篇論文、期刊與報紙、學位論文、網路資源。附錄有基隆文學作家小傳與基隆文學史年表初編、基隆當地耆老訪談稿及《2005年臺灣文學年鑑》基隆學者出版作品、報刊作品舉隅。

〔註63〕江寶釵纂修，《嘉義縣志卷十‧文學志》，頁13。

第二章　基隆之原住民文學

　　區域史是構成人類歷史研究的基礎，也是研究人類與土地互動的歷史，因此研究的主要範圍應以全部居住在當地的人類為主，因之原住民文化不應被忽視；唯有透過歷史的記憶與認同，才可能深愛這塊土地，從而確認人類在世界中活動的歷史，亦即人是屬於土地的一部分而非土地屬於人。〔註1〕蓋每一族群的文學自有其價值，代表著族群長年累積的智慧，故有保存的意義，尤其探尋族群的起源，可知其墾拓歷程往往伴隨著洪荒神話或民間故事，然而宇內各地民族，皆有其神話，愈古老的國家，神話遺產累積更豐厚，亦必然成為一神話大國，神話隨著族群的成長，進而成為宗教、文學，哲學的基礎，衍成生活的一部分。埃及有太陽神，因而創太陽曆，埃及有尼羅河神，象徵生生不息，而有木乃伊死而復生的觀念，這些神祇影響著埃及人的宗教與哲學信仰，希臘神話，眾神喧嘩，而產生喬伊斯的《尤利而斯》，中國佛教和道教之神佛在人間，香火繚繞，而有《鏡花緣》、《西遊記》等文學大作，在神話的背後，往往充滿浪漫與寓言，《山海經》、《淮南子》、凱達格蘭的神話、九族創世紀的神話……形成文學神話化，神話創造文學。

第一節　凱達格蘭族之社會變遷

　　凱達格蘭族屬平埔族，而有關平埔族的研究，明萬曆 31 年（1603）陳第

〔註1〕劉益昌，《臺灣原住民史史前篇》（南投：國史館臺灣文獻館，2002 年 12 月），頁 147。

《東番記》已有平埔族的田野紀錄，而郁永河《裨海紀遊》、黃叔璥〈番俗六考〉也是平埔族歷史文獻的經典之作。清代有關的臺灣方志、採訪冊以及如裨帖、字契、律令等第一手史料，數量亦復不少。〔註2〕日治時期有伊能嘉矩將臺灣平埔族具學術內涵分類、鳥居龍藏在臺灣進行人類學調查等，現代學者研究平埔族者頗多，例如詹素娟、翁佳音、潘英海……等相繼發表有關平埔族論文或著作，可見平埔族的歷史地位越受重視。「平埔族」除地緣關係外，根據「漢化」深淺區分生番與熟番，平埔族漢化較深是為熟番，「漢化」正是中國漢人自豪的表徵，甚且視之為化外之民，劃界封山，足見漢族賤視異族之甚。清代通稱臺灣原住民曰番，其聚落曰社，凱達格蘭族的分布以臺北盆地為主，北起基隆市社寮里、和寮里、平寮里，沿大屯火山至淡水河口，南達桃園縣境內。〔註3〕由地名可明白凱達格蘭族在這塊土地活動足跡，例如中正區八斗子是女巫之意；七堵區瑪陵坑的「瑪陵」意為女巫的墳墓，信義區槓仔寮的「槓仔」為陷阱之意，這些地名均以凱達格蘭語命名，凡走過的必留痕跡，於斯可知。

　　目前學界一般將凱達格蘭族區分為三社群：馬賽（Basay）、雷朗（Luilang）與哆囉美遠（Torobiawan），主要以沿淡水河、基隆河、和新店溪為界。潘江衛說：「基隆河以北屬巴賽人，汐止以南為雷朗人，我們基隆是巴賽人。」〔註4〕由此可知最早居住於基隆的原住民是凱達格蘭族，而後因礦產的開發與漁業的發展，布農族、阿美族、泰雅族等等才陸續遷入基隆謀生，因臺灣原住民族系多，故本章原住民文學以凱達格蘭族為主，其他族群為輔。

一、凱達格蘭族之起源與變遷

（一）凱達格蘭名稱的由來

　　關於「凱達格蘭」一詞，始自明治 31 年（1898）由伊能嘉矩所提出〔註5〕，這是個孤例，並無其他佐證，說服力不夠，但在約定俗成下，一般皆能

〔註2〕潘英，《臺灣平埔族史》（臺北：南天出版社，1996 年），頁 4。
〔註3〕潘英，《臺灣平埔族史》，頁 46。
〔註4〕潘江衛訪稿，頁 313。詹素娟等也認為：「狹義的北海岸馬賽人來看，只有基隆市、基隆郡的人可以屬於馬賽人。」引自詹素娟、張素玢撰稿，《臺灣原住民史·平埔族史篇（北）》（南投：臺灣省文獻委員會，2001 年），頁 156。Basay 馬賽人或稱為巴賽人。
〔註5〕伊能嘉矩，《大日本地名辭書續編·第三臺灣》（東京：富山房，1909 年），頁 17。

接受，惟在學術探究，卻有存疑之處。

> 伊能氏所調查的平埔番自稱「Ketaⁿganan」一事，語言學家淺井惠倫在調查東北部海岸的平埔番語言時，卻說他聽到的是「Basai（馬賽）」，未聞有「凱達格蘭」之稱呼，只有體質人類學的研究者表示在基隆和平島曾聽到類似「Ketaganan」的叫法。而且「馬賽」與「凱達格蘭」的名詞，以及其指涉的族群，後來卻再引起語言學與民族學（甚至是歷史學）者間的歧見，迄今仍未完全明朗。〔註6〕

翁佳音指出：伊能氏關於北部熟番的「結論」，錯誤之處層出不窮〔註7〕，語言學家淺井惠倫也對伊能氏的說法保持著高度的懷疑，「凱達格蘭」之稱呼是否會變更，留待後人考證。

（二）基隆的凱達格蘭族之遷徙

《諸羅縣志》記載，位於東北方基隆海灣一帶的番社稱之為「雞籠社」〔註8〕，康熙年間蔣毓英《臺灣府志卷一·封隅》、高拱乾《臺灣府志卷二·規制志·坊里》和周鍾瑄《諸羅縣志卷之二·規制志·坊里》，也稱此處的平埔族部落為「雞籠社」〔註9〕，同治時期陳培桂《淡水廳志卷三·建置志·番社》裡，則稱該地之凱達格蘭族為「大雞籠社」。〔註10〕凱達格蘭族之後裔潘江衛說：

> 我們的祖先從三貂角來，以海盜為業，我們是海盜的後代，個性比較奸詐，另有移居內陸的，個性較溫和，暖暖凱達格蘭族，平常生活以漁撈狩獵為生，簡單農業為輔，目前在暖暖的凱達格蘭族已被同化。〔註11〕

由此可知，凱達格蘭族經證實來自三貂角再遷徙基隆八斗子，部分進入暖暖一帶，目前在暖暖、七堵一帶的凱達格蘭族，已不復見，緣自凱達格蘭族在通婚中早已血統融合而被同化。

〔註6〕馬淵東一，《馬淵東一著作集》（二）（東京：社會思想社，1974年），頁441。
〔註7〕翁佳音，《大臺北古地圖考釋》，（臺北縣：臺北縣立文化中，1998年），頁32。
〔註8〕金鋐，《康熙福建通志臺灣府》（臺北：行政院文化建設委員會，2004年），頁50～51。
〔註9〕蔣毓英，《臺灣府志》（臺北：行政院文化建設委員會，2004年），頁138～139。
〔註10〕陳培桂，《淡水廳志》（臺北：行政院文化建設委員會，2004年），頁162。
〔註11〕潘江衛訪談稿，頁311。

表 2-1　北濱地區基隆凱達格蘭族的分布表

社名＼學者	安倍明義（1938）	洪敏麟（1984）	翁佳音（1998）
金包裏社	基隆郡緊山庄下中股字社寮	金山鄉豐漁村之一部分	基隆市仁愛區
大雞籠社	基隆市社寮島	基隆市社寮島	基隆市和平島

資料來源：截自詹素娟、張素玢，《臺灣原住民史・平埔族史篇（北）》，頁 113。

　　東北海岸的凱達格蘭族善經商外也從事狩獵，獵物則以梅花鹿、羌、山豬等小型動物為主。明朝時已有漢人到雞籠貿易，與原住民交易砂金、鹿皮等物；西班牙在北臺灣只和雞籠地區的原住民村落關係較好，對雞籠的原住民，西班牙人不曾要求他們物當賦稅品，而只要他們捐獻教堂的蠟燭費。〔註12〕北濱地區的 Quimaurie、Taparri、St. Jago 等村落，也表示願意將土地獻給荷蘭人，建立友好關係。雙方結盟訂約後，荷蘭人發給每個村落一面荷蘭旗。〔註13〕而荷人統治平埔族，採間接統治方式，基本上是溫和的，真正把平埔族推進火坑、恣意侵奪平埔族的土地者是鄭氏政權，而後又有清朝、日本、中華民國的統治者，他們受外來政權統治日久，竟養成「順民」性格，畢竟少數民族，各項資源短缺，番刀不敵槍砲，只好逆來順受，向現實屈服。

二、當郁永河與凱達格蘭族相遇

　　西班牙統治時期，居住在港口邊的凱達格蘭族便經常以硫磺、黃藤等與外人貿易，他們也善於各項手工藝，從事如鐵匠、木匠以及砍柴工……〔註14〕，康熙 36 年（1697）郁永河坐船進入臺北盆地，來臺目的是採硫，一到臺北，便立刻召見各社土官，賞酒、糖、布匹，再用布與他們交換硫磺土，當時臺北盆地幾無漢人開墾，瘴癘叢生。

> 初五日，王君從海岸馳至，果得冶器七十二事，及大鑊一具，餘其問之水濱矣。又數日，各社土官悉至，曰八里分、麻少翁、內北頭、外北頭、雞洲山、大洞山、小雞籠、大雞籠、金包里、南港……等

〔註12〕詹素娟、張素玢，《臺灣原住民史・平埔族史篇（北）》（南投：臺灣省文獻委員會，2001 年），頁 94。
〔註13〕詹素娟、張素玢，《臺灣原住民史・平埔族史篇（北）》，頁 96。
〔註14〕許雅芬，《與山海共舞原住民》（臺北：秋雨文化，2002 年），頁 82。

> 二十三社，皆淡水總社統之。其土官有正副頭目之分，飲以薄酒，
> 食以糖丸，又各給布丈餘，皆忻然去……。〔註15〕

大雞籠社、金包里社皆位於基隆，在淡水、基隆〔註16〕一帶的凱達格蘭族或許因地質不宜，因此不種植蔬果，但養許多雞。每當有客人來訪時，便殺雞待客，《番俗六考》：「雞最繁，客至殺以代蔬。俗尚冬瓜，長官至，抱瓜以獻，佐以粉餐；雞則以犒從者。」〔註17〕「冬瓜」為凱達格蘭族頗貴重之食物，凡大官來訪，便抱「冬瓜」前來奉獻，雞則用來招待陪同的隨從；郁永河當年的採硫礦業務，就是與凱達格蘭族合作完成。郁永河至北投採礦，遇到凱達格蘭族，發現硫礦所在地，荒煙漫漫，環境惡劣；郁永河因風災被困北投，聽聞有船舶至基隆外海，已見雞籠、二靈諸山〔註18〕，等待救援……郁永河冒險犯難，不畏路途蹂蹺，不死不病完成任務。郁永河來臺採礦與凱達格蘭相遇，是有意義的巧合，他們彼此間無約定，也是無因果聯系，以共時法檢視歷史事件，作有意義的分析。〈北投穴硫記〉，寫景的題材新穎且寫實，有關硫礦景觀作品中可謂翹楚。

三、敬天樂天之凱達格蘭族

　　凱達格蘭族與世無爭，山中不知歲月，寒盡不知年，悠哉生活，其有一特殊傳說：

〈番社采風圖考〉六十七

> 雞籠毛少翁等社，深澗沙中產金，其色高下不一，社番健壯者沒水
> 淘取，止一掬便起，不能瞬留，蓋其水極寒也。或云久停則雷迅發，
> 出水即向火，始無恙。〔註19〕

此則風俗傳說中之「久停則雷迅發」與與王國緯的「不能說的秘密」，同是對天的敬畏。

〔註15〕許俊雅，《裨海紀遊校釋》，頁144。

〔註16〕說明：金包里社在金山一帶，屬基隆轄區。大雞籠社在基隆和平島一帶，基隆隸屬舊淡水縣，共計平埔番十九社。

〔註17〕引自劉還月等，《尋訪凱達格蘭族：凱達格蘭族的文化與現況》（臺北縣：臺北縣立文化中心，1998年），頁57。

〔註18〕楊龢之譯注，《遇見三百年前的臺灣——《裨海紀遊》》（臺北：圓神出版社，2004年），頁233。

〔註19〕連橫，《臺灣詩薈》（南投：臺灣省文獻委員會，1992年），頁685。

> 凱族曾有人撿到黃金〈九份〉，凱族撿到東西，若遭遇打雷情況便要
> 放棄，因為此乃天意，意指這東西不屬於你的，不能拿，後來西班
> 牙人知道凱族有撿到黃金的事，因此向凱族打聽黃金的來源，凱族
> 不能說出「天」的秘密，因此隨便說在某處，此處便是基隆金山的
> 由來。〔註20〕

由此可見凱達格蘭族個性非常敬天，無形中流露出純樸可愛的真性情。郁
永河云：「平地近番，冬夏一布，粗糲一飽，不識不知，無求無欲，自遊於
葛天，無懷之世，有擊壤鼓腹之遺風。」〔註21〕這種樂天知命、無求無欲
的烏托邦世界，自外敵入侵之後便被干擾破壞。風吹無數，潮起潮落，吹不
散也淹沒不了漢族與凱達格蘭族的關係，原來早期凱達格蘭族的風俗民情，
卻與漢族相連：

> 凱達格蘭族若有親友過世後不埋，將屍體放在樹下，任其腐敗，漢人
> 看了不忍，將其屍骨放置甕內，甕再放到暖東峽谷石頭洞內，石頭洞
> 是天然形成，取名為『萬善洞』，裡面有六十幾個金斗甕。〔註22〕

漢族社會認同「死者為大」，因此處處可見其惻隱之心，萬善祠、有應公廟、
中元祭……里仁為美，良善的人民，在一吋一吋的土地上，耕織出無數愛的
花朵，令人動容，然以區域文化的角度而言，原住民的文化，包括山的文化
和海的文化，和大自然聲息相通，回歸生命的本體，直接與天地神靈相互交
感而無障礙的創世悸動。〔註23〕凱達格蘭族若有親友過世後不埋，將屍體放
置樹下，任其腐敗，象徵人死回歸自然，漢人以自己的角度改變凱達格蘭族
的習俗，卻是漢人一廂情願的思維。

　　平埔族的歷史有數千年，但一片空白；直至明萬曆31年（1603）陳第〈東
番記〉始有以文字填補其歷史的空白；在外侮入侵前，凱達格蘭族樂天知命，
在大自然中追逐射獵，沉浴山水，清朝吳廷華寫〈社寮雜詩〉有云：

> 五十年來渤海濱，生番漸作熟番人，
> 裸形跣足鬋鬒髮，傳是童男童女身。〔註24〕

〔註20〕王國緯訪稿，頁303～304。
〔註21〕潘英，《臺灣平埔族史》，頁73。
〔註22〕王國緯訪稿，頁303。
〔註23〕洪田俊，《臺灣原住民籲天錄》，頁11。
〔註24〕相傳秦時方士留童男童女於此，土番皆其所出。

> 如飛步履敢從容，鯉躍猱升去絕蹤，
>
> 笑數平生輕捷處，超騰九十九尖峰。
>
> 春郊漠漠水湯湯，莫問當時射鹿場，
>
> 牽得駿尨朝出草，先開火路內山旁。……
>
> 出浴前溪笑解襟，落潮水淺上潮深，
>
> 臨流洗得沉痾去，大藥曾投觀世音。〔註25〕

裸形跣足，如飛步履，焚林逐鹿，溪笑解襟，無憂無慮；另西班牙人艾基水〈福島事務錄〉記載：「雞籠的土著，他們以漁獵製鹽為生，他們跟其他那些土著類似：有點笨拙，緩慢，但卻是自然地坦率且單純，他們很友善。」〔註26〕可見凱達格蘭族的確是屬於是大自然的一環，友善單純於桃花源境內悠然自得，然在異族統治下，他們便逐漸喪失自主權，由臺灣主人地位降為奴僕。

第二節　凱達格蘭族之口傳文學

原住民並無文字傳世，後雖有荷蘭人以羅馬拼音的新港文，但並不普及且所用時間亦不長，因此其風俗民情僅藉口述傳承，名為口述文學亦稱民間文學，今直接以漢文進行原住民文學的書寫，是無可奈何的選擇，也是目前原住民文學創作的主要文字策略。

一、洪荒神話

（一）山魈（Sansiyao）

據說凱達格蘭族的祖先原居住於「Sansiau，山那賽」之地，凱達格蘭族的祖先，因不堪受妖怪「山魈」騷擾，只好遷徙，妖怪「山魈」形狀：頭很大，身軀小，有八隻長腿腳，會吃人靈魂，喜在夜間偷掀族人棉被，族人夜間無法入睡，在長期失眠中，陷入精神恍惚狀態。所有人的記憶逐漸消失，昨天與今天，今天與明天，因為沒有睡眠區隔，變得難以分辨。時間悠長，所有事情無法有一個段落，記憶變成無用。因過度疲倦而生病，白天也無法好好做事，只好決定離鄉，從「Sansiau，山那賽」渡海尋找新的家園，歷經艱苦

〔註25〕陳培桂，《淡水廳志》，頁 552～554。

〔註26〕鮑曉鷗，《西班牙人在臺灣的體驗（1626～1642）》（臺北：南天出版社，2008年），頁 373。

的漂流，終於在今日的三貂角附近登岸，在海上一度迷途，飲水和食物都消耗完，幸有椰子殼形狀的綠色飛船飛來搭救，綠色飛船上有五根亮線、身上會發光的神明，即為雕刻在七星山祭壇上的「雷公神」，此乃凱達格蘭族人源起的傳說〔註27〕，充滿神話色彩。

另有關凱達格蘭族源起，金包里社有此一說：

> 始祖在山西（Sansiau，山那賽），因為原鄉日月並食，天地昏黑，
> 大蛇盡出，僅存兄妹二人，遂結為夫婦，再繁衍子孫。後因山西
> （Sansiau，山那賽）發生大洪水，所以乘筏漂流，抵達臺灣大雞
> 籠八斗子海邊。〔註28〕

凱達格蘭族到臺灣，根據三貂社、挖仔社、雷里社以及基瓦諾灣社的口碑，則是在海上遇風浪而漂流到臺灣〔註29〕，金包里社的見解是因大洪水肆虐而遷居臺灣，大雞籠社認為是因山魈擾人而抵臺灣；在一個文字歷史與口傳記憶的模糊地帶，有著各種不同的說法，不足為奇；古老的記憶是原住民口傳的祖先來源，一個無文字紀錄的社會，儘管文化紛歧破碎，甚至喪失，但在記憶的最深處，卻沒有任何一個子民，會忘卻來自遙遠祖靈的呼喚。

（二）睡覺島

從前在雞籠之北，有一大島名為睡覺島，僅幸運之人才能見到。傳說中睡覺島最北方是白雪遍地的高山，南方是翠綠的丘陵叢林與平原，處處百花盛開、蝴蝶飛舞，並有很多聚落。島嶼中央是一小型沙漠盆地，綠洲湖畔是群聚之地。盆地外圍有半綠高山，山後兩邊皆是逐漸臨海的沙灘，全年如夏。南方之南是一大片的草原與沼澤溼地，溼地之後邊有一大片的森林，有很多飛禽走獸，森林的南邊則又是一大片淺丘平原，也有很多聚落。山後則是本島最南端，是個浪花澎湃的黑石小草原海崖。上午是白天，中午是黃昏，黑夜是下午，而晚上卻變成半亮不亮的世界。睡覺島南北各半年，白天與夜晚，在季節變換時，有七天整個天空都是七彩的極光，此時睡覺島的人大多是忙著旅行與搬家。進入睡覺島，不需攜帶任何東西就可以住下來，每天都可以不用付費的吃喝玩樂。

〔註27〕王洛夫，《妖怪、神靈與奇事：臺灣原住民故事》（臺北：聯經出版社，2016年），頁212。

〔註28〕劉益昌，《淡水河口的史前文化與族群》（臺北縣：北縣十三博物館，2002年），頁136。

〔註29〕劉還月等，《尋訪凱達格蘭族：凱達格蘭族的文化與現況》，頁32。

只是進來的人，從來沒有再回雞籠。（潘江衛提供，本研究整理）

　　睡覺島儼如世界地圖的縮版，有緯度的特色與各種地形、烏托邦的世界、美麗的大地，與《失去的地平線》情節類似，皆是描述一塊和平寧靜的土地，豐衣足食，居民不能離開此地，一旦離開，人便老化死亡，因此有進無出，無何有鄉，令人嚮往。

（三）蜜乃珊娜漾

　　和平島曾有一位美麗的少女，她帶來許多好運給凱達格蘭族的祖先，有一天她在大家眼前輕飄天空，然後逐漸變成金黃色的閃亮光影而消逝，仙女昇天，留下許多從天空飄落的黃金花瓣，這件事成為凱達格蘭族心中的「蜜乃珊娜漾！蜜乃珊娜漾！」。蜜乃是少女之意，珊娜漾是美麗之意。（潘江衛提供，本研究整理）

　　蜜乃珊娜漾宛若維納斯的美貌，維納斯是古羅馬神話裡的愛神、美神，亦是執掌生育與航海的女神，維納斯是在浪花捲起的泡沫中誕生，維納斯與蜜乃珊娜漾皆是天生麗質的仙女，廣受人民愛戴，雖然國情地域不同，人類卻有類似的文化傳說，而仙女升天的故事更是不勝枚舉，有七仙女升天、織女升天、媽祖升天、聖母升天……等等，惟仙女升天而留下黃金花瓣，卻不多見，從天空飄落的金花瓣，浪漫兼具美感，蜜乃珊娜漾可謂是凱達格蘭族的幸運女神。

　　神話具有一定的區域性，每個族群都有自己可以接受的神話含意。

　　　凱達格蘭族的神有分白天的神是好神，我們很尊敬，名叫賴慶（Line King），是太陽神，我們是太陽子孫，晚上的神是壞神，山魈（Sansiyao），會吃人的靈魂。〔註30〕

神鬼之說二元論者，有好神相對也有惡神，祆教有代表光明的善神是拉馬茲達，阿里曼則是代表黑暗的惡神，凱達格蘭族也有善惡之神。善神象徵美好與希望，惡神隱喻毀滅與破壞，藉以警惕自己提高警覺。神話是民族文明的樂章，具有鮮明的藝術色彩，瑰麗想像，大膽又誇張，對後代文學影響甚鉅。

二、風俗民情

　　今之新北市瑞芳區三貂角原為凱達格蘭族居住社址，後遷移至基隆和平

〔註30〕潘江衛訪稿，頁312。

島、暖暖一帶，因基隆採礦業興起需要大量勞工，漁業也需要漁工，周孫園說：「山胞約光復後到基隆」〔註31〕，於是原住民進入都市社會的最底層，受到最極致榨取，使生命受到無數的煎熬，只有宗教與酒精，才能使他們獲得現實的解脫。〔註32〕凱達格蘭族在倍受歧視的環境下，從自己的民俗獲得心靈上的慰藉。

（一）作豚與作田祭典

昔時臺灣平埔族歲時祭儀有作豚（祖靈祭）、作田（豐年祭）的慶典，且會互相連繫各社部落。

1. 作豚

作豚在農曆二月舉行，基隆社寮島過年習俗，凱達格蘭族以占卜，選出神豬，由八名勇士扛豬，挨家挨戶，以豬鼻撞門發聲來占此家戶之來年運氣吉凶。豬聲長聲而啼，代表此家來年必旺，如短聲殘缺，代表該戶來年衰運，必須補運。待全社都經過撞豬儀式後，在社寮海邊殺豬放血，以血塗衰家門去凶運，眾人以火烤神豬會飲，然後面向祖先渡海而來的日出方向遙拜，再開始酒宴、唱歌，用嚴肅的心情追懷祖先航海進入臺灣的艱苦困境。有關撞豬風俗，僅金包里社及大雞籠社才有，惟此一民俗，日本政府指為迷信野蠻而在日治時期，大正 15 年（1926）禁止。〔註33〕

2. 作田

作田於每年六月及十月舉行，在農作收成之後，做很多黑米粿，準備各式各樣的祭物，祭拜祖先天神，所有族人及老少男女相聚一起，飲酒、唱歌、跳舞，渡過歡樂豐年祭〔註34〕，另有八月的祭典則是感謝祖靈庇祐農作收成，並以神聖的植物山橄欖作為祭品。〔註35〕漢族有清明掃墓，以示對祖先的追思與感恩，凱達格蘭族的祭典不離祖靈，也是慎終追遠的表示。

> 凱達格蘭族的歌謠：〈澹水各社祭祀歌〉
> 遲晚日居留什（虔請祖公），遲晚眉（虔請祖母），街乃密乃濃（爾來請爾酒），街乃密乃司買單悶（爾來請爾飯共菜）。打梢打梢樸咖

〔註31〕臺灣省文獻委員會，《基隆市鄉土史料——耆老口述歷史（一）》，頁 11。
〔註32〕洪田俊，《臺灣原住民籲天錄》，頁 214。
〔註33〕潘江衛訪稿，頁 313。
〔註34〕潘江衛訪稿，頁 313。
〔註35〕王洛夫，《妖怪、神靈與奇事：臺灣原住民故事》，頁 213。

　　薩嚕塞嘆（庇佑年年好禾稼），樸加塞嚕朱馬啮爵啮（自東自西好收
　　成），麻查吱斯麻老麻薩拉（捕鹿亦速擒獲）。〔註36〕

淡水各社的祭祀歌表達對已故祖公、祖母的敬意，字裡行間隱含虔誠、靜穆
的宗教氣氛，冀望祖先保佑有好收成。酒、歌舞、狩獵、莊稼是原住民各項慶
典中不可或缺的，酒在傳統的原住民社會裡是神聖的，只在重要的場合或祭典
才能飲酒；跳舞，在豐年祭、特殊祭典、結婚……等等節日才有的，但因外力
入侵以致傳統的風俗民情被迫改變，日治時期，日本政府將原住民舞蹈視為表
演，後成為吸引觀光客的娛興節目。公賣局進入部落，酒便垂手可得。唱歌在
原住民的傳統生活裡，常常以歌表示情意，例如談戀愛，求婚，或是訴說心
事……；打獵時獵人必須遵守打獵禁忌，例如在動物懷孕繁殖期間則禁止打獵，
在生態平衡的原則下利用動物資源，才能永續發展；狩獵、喝酒與歌舞並行，
此為凱達格蘭族生命中最大的樂趣。

　　凱達格蘭族與漢人簽契約租地，租地過程漢番平和，大雞籠社於嘉慶至
光緒年間，金包里社於乾隆至明治33年（1900）間，小雞籠社於乾隆至光緒
年間，皆有漢人與凱達格蘭買賣與租賃契約為憑〔註37〕，也曾因租約糾紛，
公堂對簿〔註38〕；漢人在此租地上叩石墾壤，胼手胝足開墾出基隆這一大片
土地，然漢人為奪取凱達格蘭族的土地，竟利用凱達格蘭族的民俗：髒會招
來厄運，於是漢人不費分文，蠶食鯨吞，漸漸霸占凱達格蘭族的土地，於是
才有「放屎佔田園」的故事產生。

（二）放屎佔田園

　　清朝同治年間，和平島本是凱達格蘭族居住的地方，外來的人必須向島
上姓潘的承租〔註39〕，才可有地方居住與農耕之地，然外來人士愈來愈多，
對土地的需求越大，漢人明知凱達格蘭族對土地潔淨敬靈的觀念，於是利用
夜晚時分，在要偷的土地上故意放屎拉糞，待到隔天，地主見到骯髒的土地，

〔註36〕潘英，《台灣平埔族史》（台北：南天，1996年），頁291。

〔註37〕劉澤民編，《臺灣總督府檔案平埔族關係文獻選輯續編》（南投：臺灣文獻館，
　　　　2004年），頁67～109。

〔註38〕「為此，示仰五、六、七、八堵、石碇內等處耕佃人等知悉；爾等登田園租
　　　　穀應行納番者，概向金雞貂三社土目完納。其各凜遵，毋違，特示。道光貳
　　　　拾壹年肆月日給，右諭通知」。見陳青松，《基隆古典文學史》，頁32。

〔註39〕潘江衛說：「以前在和平島一帶到基隆港的地都是我們家的，我們潘姓在乾隆
　　　　23年封祀的，但非潘大租」。潘江衛訪談稿，頁311～312。

只好放棄使用,因此「放屎佔田園」可說是居心可叵。許淡如也說,相傳本地平埔番有一習慣怕骯髒:

> 平埔番(凱達格蘭族)有一習慣怕骯髒,譬如說平埔番居住在基隆,四周圍皆種田,漢人登陸後在他們土地放動物死屍,使他們棄而不保,因此漢人漸次取得土地,而平埔番亦漸次退入內山。〔註40〕

土地對凱達格蘭族而言並無太大價值,漢人甚至可以一頓酒食,便可輕易取得他們一大片土地,漢人為土地不惜一戰,寸土不讓,凱達格蘭族卻對土地輕忽,相較於漢人對土地的渴求,注定後來凱達格蘭族失去立足之地,走向衰亡的命運。

(三)出草為生活

原住民各族或有出草的風俗,凱達格蘭族出草目的為經濟或因戰事,潘江衛說:

> 能獲得敵人的首級被視為無上勇士的成就,西班牙從淡水一路打到基隆,1229 年我們曾到野柳出草,殺了 20 幾個西班牙人,出草可以賺錢,因為殺死對方,對方的東西就是你的,而且可以刺青,出草一個,脖子刺青一條線,二個就兩條;若是戰爭殺死一個,就在腳小腿刺一朵玫瑰,以前我們這裡有種一大片薔薇玫瑰的。我們是亞洲的洛曼人,意思是北歐的海盜。〔註41〕

出草獵人頭之習俗,漢人與日本人皆視為野蠻行徑。如清代蔣毓英《臺灣府志》:「好殺人取頭而去,漆頂骨,貯於家,多者稱雄;此則番之惡習也。」〔註42〕日本基於出草是原住民惡習,馘首為刑事犯罪,故禁止之。

(四)媽祖的故事:風吹嘉臘走〔註43〕

如果海面上沒有起風,就沒有嘉臘。海面有起風,表示附近可能有大批魚群,裡面就有嘉臘魚。曾經海面突然發生浪濤洶湧,很多嘉臘魚群都不斷地在海面跳躍,這時村長派人來說:「媽祖婆指示,大家趕快到山頂去避難」。一時間,村民紛紛攜帶簡便食物與衣服到山頂集合,果真發生大海嘯,後來

〔註40〕臺灣省文獻委員會,《基隆市鄉土史料——耆老口述歷史(一)》,頁42。
〔註41〕潘江衛訪談稿,頁312。
〔註42〕蔣毓英,《臺灣府志》,收入《臺灣府志·三種》(北京:中華書局,1985年),頁106。
〔註43〕本則故事來自曾子良,《基隆民間采集(三)》,頁164,經本研究整理。

基隆人就將這次大海嘯事件，不斷地流傳下去，「風吹嘉臘走」，海水會澄清！

「海水清清，人愛走，汝若毋走會遭天譴。」此為雞籠發生「海嘯」的故事，於同治 6 年（1867）基隆曾發生過嚴重地震，海底若發生地動，海水會倒退，海嘯隨之而來，本則故事以生活經驗，預知大禍將至。在中國古代，每當大災前神明託夢示警，信者免遭劫難。潘江衛說：「我們對於女神都非常尊敬的，她可以保護我們。」〔註44〕因此藉媽祖神威增加公信力，使居民相信而順利逃難，成功避免一場大禍；「河裡魚跳，風雨之兆」「羊牴角，蟻圍穴，蛤膜攔路大雨到。」「天將大雨，商羊鼓舞。」〔註45〕這些古老的傳說、諺語，皆是前人的智慧與經驗，至於媽祖預警是否真實，已不重要，由動物不尋常的表現，預測大氣變化，這等啟示寓教於樂，此方為故事精髓所在。

第三節　清領至中華民國到臺灣時期之基隆原住民文學發展

清廷與日本政府為有效以政權控制原住民，以番治番是不流血最佳統治策略，因此有才氣或德高望重的原住民，便成為官方最佳人選。

一、清末番秀才受兩朝重任

清領時期為教化原住民，積極在臺灣設立社學；隨著原住民接受社學教育日久，如能「漸通文理」則取為佾生，這是原住民功名的初步，乾隆 5 年（1740）對於少數民族之子弟，在社學表現優異者，可舉為貢生〔註46〕，給予原住民「佾生」的頭銜，一則獎掖其學習有成，二則可為官府效力，因面對番變頻仍的臺灣，番秀才、佾生，成為漢番衝突最佳協調者，進而影響番社的作為。原住民接受儒家教育，科舉與官學也對其開啟一扇門〔註47〕，在舊淡水縣十九社的平埔番社中，就有出現具秀才身份的原住民，據伊能嘉矩調查，大雞籠社有陳洛書〔註48〕，陳洛書與閩、粵籍漢人一體應試而考取生

〔註44〕潘江衛訪談稿，頁 312。
〔註45〕劉廣英，《氣象萬千》，頁 239～241。
〔註46〕《欽定大清會典事例》，〈卷三百九十六〉:「照例以六年為期，果能教導有成，文學日盛，將訓課之生作為貢生」。引自張耀宗，〈晚清時期臺灣「番秀才」形成與功能之研究〉，《高雄師大學報》第 35 期（2013 年 12 月），頁 94。
〔註47〕張耀宗，〈晚清時期臺灣「番秀才」形成與功能之研究〉，頁 96。
〔註48〕潘江衛訪稿，頁 313。

員，可見原住民在科舉考試的表現上不俗。從康熙年間原住民開始接受官方的儒家教育，將近百餘年的薰陶，以科舉事業而言，能夠取得秀才功名者寥寥可數，若以此角度視之，原住民本無讀書求功名之傳統，在當時的社會讀書風氣不佳，潘江衛說：「我們巴賽人忙著賺錢，沒時間讀書。」〔註49〕擔子擔穀沒擔書，能夠在百餘年之間就出現「番秀才」，可謂不易。大雞籠社陳洛書清末番秀才，善詩文，曾到臺北府授業，風評甚佳，幼時入社學，日人鷹取田一郎曰：

> 陳洛書舊朝秀才也，資性溫順，正直好義，幼而讀書，弱冠應試及第，才德兼備，鄉黨屬望，乙未變革時，拔擢貓羅堡長，幫助軍政有功，明治三十年登庸臺中辦務署參事，在職凡三年，安撫人心，勞苦不少，三十三年推薦芬園區庄長，期間經營百端，資地方公益不匱，名聲最高，明治三十八年授紳章。〔註50〕

「熟番」接受儒家教育，亦效法漢人致力於科舉功名的取得。取得功名之原住民，便成為仕紳階級，或為番社之領導者。具有生員身分之頭目，在對外事務交涉更具有影響力，尤其有利於其保有自身的土地；相對地，無法接受教育的原住民，可能即刻面對土地流失的危機。「番秀才」也可擔負教育番社子弟之功能，有助整個部落的發展。陳洛書，風評甚佳，「期間經營百端，資地方公益不匱，名聲最高」，可知陳洛書跨越兩朝，以清朝番秀才身分受日本政府肯定授紳章，鳳毛麟角，十分難得。

二、中華民國到臺灣時期基隆原住民文學發展概況

原住民的命運，從清朝、日治時代到中華民國，始終處於受欺凌的立場，中華國民到臺灣後，於制定原住民政策及相關法令時，並未顧及原住民的特殊文化背景，許多法令有違原住民的文化或生活習慣，漢人闖入凱達格蘭族的世界，傳統的價值觀被迫改變，文化失去主體性，只能依附在漢人的風俗中。

原住民的名字從「生番」變成「山地同胞」，從山地流浪到平地，國民政府統治下雖稱呼變得比較文雅，可是原住民的生活並無實質的改善。1954年，國民政府僅承認泰雅、賽夏、布農、曹〈鄒〉、魯凱、排灣、卑南、阿美、雅美等九族，其他的全都被歸併為「漢人」，凱達格蘭族形成失去名字

〔註49〕潘江衛訪稿，頁313。
〔註50〕鷹取田一郎，《臺灣列紳傳》（桃園：華夏書坊，2009年），頁210。

的族群。1980 年代原住民經過「正名」、「還我土地」運動，終於使「山胞」正名為「原住民」，貢寮核四廠的興建，基隆原住民積極表示反對意見，參與抗議活動，顯示原住民意識覺醒，不再是任憑宰割的沉默羔羊；尤其近年在各項運動的推展下，設置行政院原住民委員會，使原住民生活獲得提升，原住民教育環境得以改善，知識水準也愈見提高，屬於原民作家的文學作品紛紛躍上文壇。但在基隆原住民文學的發展，並非樂觀，老人凋零，舊社難尋，自我認同，是現今凱達格蘭族田野調查最艱難之處，又因基隆原住民多為漁民、港口工作者與昔時多為礦工，對文學創作不熱衷，如果以十七世紀狹義的北海岸馬賽人而言，只有基隆市、基隆郡的 324 人屬於馬賽人。〔註51〕現今基隆原住民人口僅 9454 人，基隆總人口 368870 人〔註52〕，潘江衛說：「不清楚凱達格蘭族有多少人，都已漢化了，就算是也不會承認，誰願意讓人家知道自己是番仔？」〔註53〕長久以來「番人」被鄙視，經歷三百年的血統融合，再加上經濟〔註54〕與人口數不利的背景下，一般的田野調查又多屬文化歷史的追溯，就文學類型而言，多數為口傳文學，因此基隆原住民文學發展窒礙難行，幾乎見不到凱達格蘭族的作家作品及其他原住民作家的作品。

第四節　名詞界定

　　每個地區都有屬於自己的故事，文人藉神來之筆將文學與土地合而為一，誠如民間文學中有很多的典故與地名有關，亦即地名有其歷史淵源，例如臺灣每個城市幾乎有中山區、中正區，代表著蔣介石執政時代，同理，基隆每個地名也代表著時代意義，每一地名都有其歷史代表性，基隆地區早期的漢族移民慣稱「河」為「港」，清朝時港口稱之「港仔口」，河的對岸則稱為過港，基隆暖暖區基隆河旁便有過港路。茲針對基隆、八堵、暖暖這三個地名較有爭議，作一分析如下。

〔註51〕詹素娟、張素玢，《臺灣原住民史・平埔族史篇（北）》，頁 156。
〔註52〕https://civil.klcg.gov.tw/tw/Subject/Population4 基隆市政府民政局，取自 2019年 12 月 28 日。
〔註53〕潘江衛訪談稿，頁 313。
〔註54〕男人出海（遠洋漁船的低級船員形同苦力勞工），女人下海（沉淪苦海即賣春）一語道盡原住民的悲哀。

一、基隆

基隆古稱「雞籠」，此名由來，各執一詞，以基隆耆老訪談記錄歸納如下：

表 2-2　「雞籠」一詞來源各說一覽表

「雞籠」來源	地方耆老	「雞籠」一詞來源說明
凱達格蘭族語、社名	謝呈奇、連育雲	日據時期稱咱們住的是番仔地，住於此的原住民凱達格蘭族，基隆可能就是番語演變來的。
山狀似雞籠	周孫園、曾顯林、洪連成、邱萬和、翁來、蔡爛燦、廖文英	由山名轉為地名。雞籠，竹篾編制，外型似覆缽或饅頭狀，用來圈養雞隻之用，將雞隻覆蓋於內，防其逃跑。
日語翻譯音	張永圃、王子樵	關於「基隆」一詞可能是日本語言所譯。
加人之意	簡長在、朱麗水	增加人口數之意。

資料來源：取自《基隆市鄉土史料——耆老口述歷史（一）》，頁 3～92，由本研究製表。

綜觀上述四說，雞籠一詞早在明朝即有，日治臺灣時間已較明朝晚，故與日人翻譯之音無關；「加人之意」，無可考證文獻，比較有爭議的是雞籠一詞來源是凱達格蘭族語抑山狀似雞籠，學者之說為：

1. 陸傳傑：「雞籠」地名應係由雞籠社社名之譯音而來。

   原住民於今基隆市一帶的凱達格蘭平埔族部落就叫雞籠社，「雞籠」地名顯然以其社名轉化為地名的可能性最大。〔註 55〕

2. 連橫在其《雅言》中認為雞籠地名源自番語。

   臺灣地名多沿番語，有譯其音者、有譯其音而改為正音者、有取其一音而變為華言者。……雞籠之為基隆……則改為正音也。〔註 56〕

3. 安倍明義認同「雞籠」就是從當地平埔族的番語自稱中省略變化得來。

   絕大多數是山地話，只有極少數是外國語，使用近音的漢字命名。……其中不乏變化原名再以近音的文字稱呼者，也有把原來的山地話之中省略，再以同音的文字填充……。〔註 57〕

〔註 55〕陸傳傑，《被誤解的臺灣老地名》（新北：遠足文化，2014 年），頁 64。
〔註 56〕連雅堂，《雅言》（臺北：實學社，2002 年），頁 206。
〔註 57〕安倍明義，《臺灣地名研究》（臺北：武陵出版社，1987 年），頁 60。

4. 洪連成：以古書記載為憑。

　　「基隆」在史籍上很早就出現過，據傳明朝鄭和曾來基隆港避風，
　　船入港時看到基隆市及九份仔的雞籠山，形似雞籠，中國人喜歡吉
　　祥雅化，後來才改稱「基地昌隆」。

雞籠一詞約在明朝洪武年間已有，見於明史〈雞籠傳〉、《琉球國誌》、《四夷
廣記》；又史籍《淡水廳志》、《裨海紀遊》〔註58〕也提及雞籠古地名，山肖雞
籠，有文為憑。歷史的取捨，以文獻記載為主，口述傳說為輔，口述傳說僅在
補充歷史之不足，而雞籠古地名有眾多文獻紀錄地名因山形得名，故雞籠古
地名之意，以山狀似罩雞之籠為宜。

二、八堵

　　有關「堵」字的由來，有二說：日本學者安倍明義對堵的解釋為「堵即
為土坦之義」，「八堵、七堵、六堵、五堵」等地名是基於往昔防番所築的土坦
命名〔註59〕，余福海也認為堵是圍堵番人進入漢人區域而設。〔註60〕王子樵
的看法是為防西仔反，在臺北縣設一至七堵，沿山途中皆挖掘有壕溝遺址，
可見「堵」為圍堵之意。〔註61〕另王國偉認為漢番無爭鬥，且漢人以契約向
凱達格蘭族租地，過程和平，甚至有租約糾紛，亦循管道理性解決問題，故
不須建堵拒番〔註62〕；陸傳傑也認為平埔族並非兇惡的「野番」，文獻也未提
及漢人曾在此設防，若有之，也是隘而非堵。〔註63〕

　　依據道光21年（1841）金雞貂租穀曉示碑，署臺灣北路淡水總捕分府范，
為曉諭遵照事：「皇恩憲德撫恤捕地管下五、六、七、八堵、石碇內等處，歷
年向佃管收無異。〔註64〕」可知既向金雞貂三社頭目完納便無圍堵必要，故堵
非圍堵；又姚瑩《臺北道里記》曰：「過此天山嶺迎日東行，十五里為一堵山，
再北過五堵、七堵、八堵，凡十里至暖暖，地在兩山之中，俯臨深溪，有艋舺

〔註58〕陳培桂，《淡水廳志》卷4，頁111。許俊雅，《裨海紀遊校釋》，頁172。皆謂
　　　　「雞籠山以肖形名」。
〔註59〕陸傳傑，《被誤解的臺灣老地名》，頁64。
〔註60〕余福海訪稿，頁299。
〔註61〕臺灣省文獻委員會，《基隆市鄉土史料——耆老口述歷史（一）》，頁6。
〔註62〕王國緯訪稿，頁307。
〔註63〕陸傳傑，《被誤解的臺灣老地名》，頁64～65。
〔註64〕陳青松，《基隆古典文學史》，頁32。

小舟，土人山中伐木作薪炭、枋料，載往艋舺。」〔註65〕據此，基隆有五堵南山、六堵山、七堵山（臥龍山）、八堵山，依此得知以堵為山名，較為合理。

三、暖暖

　　日人伊能嘉矩及安倍明義認為「暖暖」是平埔族那那社聚居此地才轉音而來〔註66〕，但翁佳音卻推斷「暖暖」源自於南島語，為間隔之意，即西荷統治時期，暖暖的地理位置間隔於基隆和汐止之間。〔註67〕暖暖若是來自那那社轉音，清代官私文書遍尋不著那那社〔註68〕，大臺北古地圖、福建全圖、乾坤一統海防全圖、臺灣府志總圖、臺灣輿圖……等皆無繪出那那社地點。姚瑩《臺北道里記》僅提及路過暖暖：

> 暖暖，迎日東行二里許，稍平廣可三百餘畝，居民四、五家散處。三里至碇內渡溪北岸，更東行二里楓仔瀨，復過溪南岸，仍東行三里，至鯽魚坑，過渡沿山，二里伽石路甚險窄。土人白蘭，始開鑿之。〔註69〕

姚瑩遇到番人，也無提及那那社，若以南島語系考察「ranouan」意即「間隔處」，這樣的地名釋意，才能與荷蘭人爾得辜報告文所說的「八暖暖是橫隔淡水與雞籠之間的障礙」不謀而合。〔註70〕西班牙文獻也提到，到雞籠的路甚為麻煩，因為「處處散佈著三十六堆的亂立岩石」，介於暖暖（Perranuan）到今天的汐止鎮（Kippanas）之間，這一段的基隆河自古以來即以多灘石聞名。〔註71〕因此推定暖暖為間隔之意，較為合理，只是民間說法多以「暖暖」一

〔註65〕紀瀛寰主編，《走讀臺灣基隆市》（臺北：國家文化總會，2010年），頁50。

〔註66〕伊能嘉矩，《大日本地名辭書續編》（東京：富山房，1909年），頁32；安倍明義，《臺灣地名研究》（臺北：杉田書店，1938年），頁113。

〔註67〕翁佳音，《大臺北古地圖考釋》，頁27。

〔註68〕夏黎明等，《你不知道的臺灣古地圖》（新北：遠足文化，2014年），頁100～139。僅記載大雞籠社、大屯社。

〔註69〕陳培桂，《淡水廳志》（臺北：臺灣銀行經濟研究室，《臺灣文獻叢刊》第172種，1963年）卷十五，頁396。

〔註70〕翁佳音，《大臺北古地圖考釋》，頁27。「此地……從雞籠港灣沿著小河流到八暖暖（Perranouan）地區或山崙之路。可用艋舺航行，亦可由金包里步行，約一個半小時多可抵達。惟由於小溪流乾涸，航行不便……八暖暖是橫隔淡水與雞籠之間的障礙。上下攀登之時，有意外的陡峭山坡，許多地方路徑狹窄，土質鬆軟、滑溜，相當危險。此山大約一小時之內可攀越，抵達河邊後，便可航往淡水。似甚為貧瘠……」。

〔註71〕翁佳音，《大臺北古地圖考釋》，頁27～28。

詞來自挪挪社轉音，這樣的約定俗成，有違原委。

　　地名與當地的人文、自然、地形、文化、物產、先人拓墾的開發過程或是期望等休戚相關，透過尋根以了解地名的淵源。每個地名，更蘊含著深遠的歷史文化意義；地名反映各時期人們對生活周遭之地理環境、人文活動、社群聚落和歷史文化的感觸，所以地名也可促使人們對地方的認同和定位，進而凝聚地方的團結力量，這就是地名的重要性。

第三章　基隆之俗文學

　　瓜對果，李對桃，春分對夏至，谷水對山濤，文學卻有俗文學對雅文學。俗文學樸實而自然，坦率且富生氣的鄉野情趣，融合在地文人雅士的淡泊情懷，交織成基隆俗文學。所謂俗文學，或稱俗行文學，是指不堪登大雅之堂的文學作品，除被上層文人學士視為正統的「雅」作品外，凡在民眾中流傳的神話故事、歌謠、諺語、俗行小說、說唱文學等，均被視為俗民所喜歡的文學，統稱為俗文學。俗文學由其植根於廣大民眾，具有民族氣質與民族風格，便於廣大民眾接受、掌握和流傳，曾永義將俗文學歸納為以下七個特性：

　　（1）俗文學是普及與提高相結合的文學。

　　（2）俗文學是業餘和專業相結合的文學。

　　（3）俗文學是個人與集體相結合的文學。

　　（4）俗文學是城市與農村相結合的文學。

　　（5）俗文學是口頭與書面相結合的文學。

　　（6）俗文學是傳統與創新相結合的文學。

　　（7）俗文學是同一題材可用多種形式同時流傳。〔註1〕

　　俗文學是雅俗共構，是士大夫與販夫走卒共賞，根據上述特徵，俗文學又可分成四大文學類型：

〔註1〕曾永義，《俗文學概論》，頁59。

表 3-1　俗文學分類表

文學母體	雅文學	俗文學有可能升為雅文學，如詩經。
	俗文學	1. 通俗文學：寫俗人俗事給俗眾作為茶餘飯後的話題，包括通俗小說、通俗戲劇等。
		2. 民間文學：指民間口頭文學，集體創作、集體修改、經收集整理而成的文本。
		3. 曲藝文學：或稱講唱文學、說唱文學；它是民間藝人或文人擬作的說唱、曲藝的底本。
		4. 資訊媒體型之大眾文學與網路文學：現代音像傳媒和網路屬於大眾通俗文藝的文學文本，包括電視、電影、網路，有大量通俗文學、民間文學、曲藝文學的作品翻拍成電視劇、電影，甚至置於網路上，形成網路文學。

資料來源：本研究改編自范伯群，孔慶東主編，《通俗文學的十五堂課》，頁 4。

俗文學與人民的生活關係密切，而且隨時間、地點與情境的不同一直在變化，充分地顯現民間豐富又活潑的生命力，這是俗文學極為可貴之處。

第一節　民間文學之類型及特色

　　民間文學多為口傳而流傳下來，因此形成時間不確定，中間又經多人可能以主觀意識更改內容或記憶錯誤，或增添一些枝節，因此民間文學多為市井文化的寫實印象，也是各族群生活智慧的展現，自有其存在之意義。本研究經由文獻與耆老訪視，田野調查法、參閱地方文史館典藏資料，將具有歷史文化藝術特色之基隆民間文學，逐一發掘，並加以彙整，期使基隆文史資料更豐富。

　　明朝中葉以來，大陸漁民、海盜已時常出沒於雞籠一帶，西班牙人入據臺灣北部，以社寮島（今名和平島）為根據地。明鄭時期為國防所需，曾派兵戍守雞籠，實際上雞籠一帶是鄭氏流放罪犯之區域。清雍正與乾隆年間，沿海多為漳州人，內地多為泉州人，客家人移民較晚，往七堵、瑞芳等山區開墾；福州人相繼到基隆，昔時和平島有福州厝，有福州街，在自強運動時，中國福州馬尾有造船廠，既然基隆有船進出，船必然需要修理與維護，而福州

人擁有修船造船技藝，當然選擇在此開業〔註2〕，當地有五顯大帝廟可證，此地為福州人聚居地，因五顯大帝乃福州人的守護神。大陸移民紛紛進入雞籠；戰後，日本人撤離臺灣，卻另外有大批外省人移入臺灣，恰好添補日本人遺下的空間，顯然對基隆市區域的族系結構產生很大的變化。

　　清朝先民歷經黑水溝的凶險，進入多雨的基隆，磨穿鐵鞋，又面臨土壤不肥沃的困境。王國緯說：

> 漳州人先到北部平地，泉州人大致來自安溪，一看社仔到處都是九麗仔花（野牡丹），有九麗仔花的地方，代表土壤不肥沃，因此由淡水到社仔換小船，溯溪而上找水源頭，有水才能種植作物，才能生活。〔註3〕

天無絕人之路，一枝草一點露，人的潛能無限，只要有毅力，必能絕處逢生，先人開墾精神，櫛風沐雨，值得後輩效仿。

一、諺語

　　諺語乃從人們的日常生活中體驗而來，是當地人的智慧結晶，朱介凡認為諺語是：「風土民性的常言，社會公道的議論，深具眾人的經驗和智慧，精闢簡白，喻說奉勸，雅俗共賞，流傳縱橫。」〔註4〕而廖漢臣主張：

> 諺語是人類社會一代一代傳遞下來的集體創作，所以不容易知道某一句諺語，是在某一時代產生的。……直至荷人入據臺灣後，漢族始增至二三萬人。由此可知最初的臺灣諺語，是自這時代由移住的漢人輸入而來；經過三百多年歷史的過程，經過幾多的演變，留下一部分適應臺灣的實際生活和後來從新產生的混在一起，而構成著今日的臺灣諺語。〔註5〕

可見諺語的定義係生活經驗的傳承與累積，而經由語言表現出來。本文探及的基隆諺語與傳說文學，主要以《基隆市民間采集（一）》、《基隆市民間采集

〔註2〕臺灣省文獻委員會，《基隆市鄉土史料——耆老口述歷史（一）》，頁41。
〔註3〕王國緯訪稿，頁307。
〔註4〕朱介凡，《中國諺語論》（臺北：新興書局，1964年），頁236。
〔註5〕廖漢臣：〈臺灣諺語的形式與內容〉，《臺灣文獻》第6卷第3期（1955年3月），頁37。昭和8年（1933）廖漢臣任職基隆市第一家報社《新高新報社》漢文記者兼日本《東亞新報》臺北支局記者。詳見陳青松，《基隆第一‧藝文篇》（基隆：基隆文化，2004年6月），頁24。

（二）》、《基隆市民間采集（三）》三書為主要參考資料，另再訪視民間耆老，盼能拾遺補闕；《基隆市民間采集》三書乃以訪視基隆地方耆老而作成記錄，本文擇與基隆有關之人士及諺語節錄，並加以解釋諺語之涵意，基隆市民間采集的講述者有柯炳衛〔註6〕、杜披雲〔註7〕、王水在〔註8〕……等，這些地方耆老，對基隆文史頗為精研，口述記憶以補地方志之不足。

（一）地形

兩嶺四港門

兩嶺意指佛祖嶺與獅球嶺。四港門分別為為硬港（今南榮河）、蚵殼港（今西定河）、田寮港（今田寮河）、牛稠港（牛稠港溪），漳州人稱溪為港，此俗諺說明基隆港四周的地理特徵。基隆在地形上分別由山系的佛祖嶺、獅球嶺，以及基隆港水系的石硬港、蚵殼港、牛稠港與田寮港所構成。崁仔頂的後面有獅球嶺和佛祖領為屏障，又有上述四條河的水流入基隆港，有如四個門可以進出一樣，故稱為「兩嶺四港門」。〔註9〕若建城則有城門，雞籠以四河道形成天然的四個進出的城門，城門與河道合一，誠地形使然。

（二）氣候

雞籠杙戴紗帽。雞籠山縮腰帶。〔註10〕

基隆嶼，又稱小雞籠嶼，位於基隆港口東北方，海拔 182 公尺，地形陡峭，四周皆成斷崖。杙，乃是種短木椿，釘著於地上，用以繫船或繫牛。雞籠嶼狀似釘在海中的「杙」，基隆八景中的「杙峰聳翠」，即指雞籠嶼。〔註11〕

以基隆人而言，海上的基隆嶼與路上的基隆山，是最明顯的地標，自然成為觀測天候的焦點，基隆的自然環境，屬多山以致多地形雨，冬冷多雨，應景諺語於是出現，只要雞籠嶼山上或雞籠山半山腰有出現層層烏雲，皆為下雨的前兆。有雨山帶帽，帽就是因山而起的雲，「泰山帶帽，公主出岫」〔註12〕，天

〔註6〕柯炳衛，對暖暖文史頗有研究，其父柯文理。
〔註7〕杜披雲，基隆作家，著有《風雨海上人》一書。
〔註8〕王水在，地方耆老，對暖暖文史頗有研究。
〔註9〕現在牛稠港已建為碼頭，蚵殼港與石硬港兩河道併流成旭川河，田寮河原多塗灘地，經整治已成通暢之河。
〔註10〕曾子良等采編，《基隆市民間文學采集（三）》，頁88。
〔註11〕曾子良，《基隆民間采集（三）》，頁87。
〔註12〕劉廣英，《氣象萬千》（臺北：華岡出版社，2006年），頁241。

氣妙喻，先賢智慧，萬古流芳。

（三）經濟

清領時期暖暖街盛傳「九萬十八千」，是暖暖街的繁榮景象最佳詮釋，基隆河暖暖段是河運起點，貨物集散中心，商賈絡繹不絕，造就出獨領風騷的暖暖大街和街上無數的大戶。隨著基隆港開港、鐵路的興築、基隆河淤淺以及茶、礦業的逐漸沒落，暖暖的經濟一落千丈，街市也由絢爛歸於平淡。〔註13〕暖暖以往不僅人口眾多，生活富庶，用「九」和「十八」只是取其多之意，表示極為富有，由民間百業可知當年暖暖繁華盛景。

1. 暖暖老街風貌（一）

暖暖東西勢　暖暖流氓尚戳刺
侯仔溪豪跳童　跳童見跳見有影
補鼎天賜仔豪補鼎　補鼎牽風櫃
瘸腳兼半遂　半遂瘸腳風
師公水井仔做師公　師公做來真時行
柯文理尚出名出名做區長
賞金二十兩　二十兩抵斤半
宋仔海　尚古意　古意兼無牙
柯仔田　豪買茶　買茶見賣見有賺
落腳寶治仔尚大漢
三八德樹　三八半叮咚　叮咚兼懶神
周仔溪豪抽藤　抽藤見賣見有賺
青瞑英仔半青瞑　青瞑暗暗挲挲
粗皮仔牽豬哥　豬哥牽來尚伶落
大肥臭獻仔尚大箍　大箍肥灩灩
沒錢柯仔丁　起大厝弄弄號
殺狗金仔會殺狗　狗肉青青
月英仔臭面天
臭頭仔天賜做衫邊〔註14〕

〔註13〕曹銘宗、陳雅玲，《臺灣的飲食街道，基隆廟口文化》（基隆：基隆市文化中心，1997年），頁167。
〔註14〕余燧賓主編，《基隆市民間采集（一）》，頁10。

暖暖為當時從滬尾（今之淡水）進入噶瑪蘭內河航運的終點，往來的商旅，熙熙攘攘，造就暖暖老街的商家林立。暖暖東西勢，是指東勢溪與西勢溪，暖暖的流氓最囂張，流氓有兩種，一種是魚肉鄉民的惡霸，二種是保鄉衛民的俠客，這裡指的是第二種，流氓兇悍，外人才不敢欺負暖暖人，在漳泉爭奪地盤時，風聲鶴唳，只要看對方不順眼，械鬥就可能隨時發生，所以才有自告奮勇為保護鄉里，使村裡的人不能被外人欺負的「流氓」。

侯仔溪是神職人員，會跳乩童，乩童起乩代表神明附體，每次跳都像是真的神明駕到一樣；天賜是個很專業的補鼎師，將破掉的鍋子修復，在補修過程需要牽風櫃，風櫃可使風箱火力增加，煽旺炭火，把生鐵燒成火紅滾燙的鐵漿，做為堵住破洞的材料；瘸腳兼半遂，半遂瘸腳風，罵人半遂未行，中風無法行走叫瘸腳風；道士一詞，在教育部閩南語常用詞辭典釋義為司公，並非師公〔註15〕，水井的職業是司公（道士），因做事認真，也做得很好，所以人家很喜歡叫他辦事；柯文理最有名氣，他做過區長，賞金二十兩，二十兩剛好是斤半；王國緯質疑：一斤十六兩，二十兩即為斤四，怎會斤半？〔註16〕宋海是最老實人，不過卻是個無牙齒之人；柯仔田對茶很內行，所以對茶的買賣，每每都有賺；寶治腳長，所以身高最高，德樹個性三三八八，一副不在乎的樣子，可是卻很臭屁、很神氣；周仔溪是抽籐高手，採籐後透過抽籐等加工，製成藤椅藤籃等生活器具，這些籐具每賣就有賺，阿英是眼瞎之人，失明後的世界是昏暗的；粗皮仔職業是「牽豬哥」，只要把種豬牽到母豬的豬寮內，工作就完成了，所以牽豬哥的工作是很輕鬆的；阿獻體形很胖，肥滋滋的，沒錢柯仔丁，建大屋還敲鑼打鼓，沒錢怎麼蓋大房子？敲鑼打鼓不過是虛張聲勢；阿金會殺狗，狗肉很新鮮可食；月英仔時常擺臭臉，天賜有臭頭的病，他的職業是做衫邊即車布邊的。

市井小民各行各業說分明：乩童、補鼎、司公（道士或法師）、賣茶、抽籐、建築、牽豬哥、殺狗、做衣服等，也寫實當地居民個性與外觀，流氓兇悍、宋海最老實又無牙齒、寶治被稱長腳是因身高很高、德樹個性三八，有些瘋瘋癲癲、阿英是視障人士、月英仔時常擺臭臉，早期人民知命認命也樂

〔註15〕教育部閩南語常用詞辭典 http://twblg.dict.edu.tw/holodict_new/result_detail.jsp。取自 2017 年 1 月 23 日。徐福全，《福全臺諺語典》（臺北，自印，1998 年），頁 147。司公，道士之謂。
〔註16〕王國緯訪稿，頁 309。

觀，常以外表或職業取綽號，習慣以綽號稱呼，久之卻忘記當事人的真實姓名，其中並無輕蔑之意，因此當事人也能接受綽號，這也是小市民純樸可愛之處，由此打油詩一覽庶民之性格。

2. 暖暖老街風貌（二）

鴨江金順利，

順和林仔耳，

和順黑煙鬧，

豐祥在剃頭，

茂美周蒼浪，

德馨矮仔逢，

祥順林錦秀〔註17〕。

鴨江，即賣鴨蛋起家的林清江，店號為「金順利」，是雜貨店，林仔耳即林治國，店號為「順和」，也是雜貨店，此二人為當時之富家名人；臺灣在日治時期初期，日本為減少臺灣人的反抗心理，因此不敢驟禁鴉片，對鴉片政策是採漸禁方式，於是有所謂的黑煙牌，舉凡對日人忠誠或有貢獻之人，所給予的一種特權，詹鬧的哥哥是保正，詹鬧在當時為總兵團長，所以日人發給牌照經營，暖暖僅此一家得以販賣鴉片，彰顯特權並藉以提高身分地位；李豐祥，以剃髮為業，周蒼浪有一家店名為茂美，是賣米的，鄭逢春因個子小故名為矮仔逢，其有家店名為德馨，是一家雜貨店，林錦秀的店名為祥順，是針織店。

本文暖暖老街風貌由王國緯口述詮釋，本研究整理。以上二則諺語，實則是順口溜，像廣告詞，連外地人都會念，若平溪，七堵人買辦到暖暖採購辦事，由順口溜就可以找到所要的東西，可見生意人之智慧，懂得行銷。在此諺語中，將暖暖街景與繁榮景象完整呈現。

特殊產業造就特殊景觀，清朝時的煤礦開採，基隆河砂金的發現，豐富基隆的文化內涵。

3. 基隆有三黑：天黑黑、曆頂黑黑、面黑黑。〔註18〕

濃雲密布，基隆冬季隨著東北季風，大雨一直下，難怪天空總是昏昏暗

〔註17〕余燧賓主編，《基隆市民間采集（一）》，頁 13。

〔註18〕鄭俊彬，〈基隆礦工的生活記實〉，《臺北文獻》直字第 151 期（2005 年 3 月），頁 175。

暗的；涓滴之水可穿石，基隆河的壺穴即是雨水與河水侵蝕而成，更何況小小的屋頂，難免被雨水穿透而漏水，為防漏水才會用點仔膠（瀝青）漆屋頂；礦工採礦是在洞穴內，溫度高，所以大部分的礦工是打赤膊或只穿一件背心內衣，當汗水與煤渣和在一起，臉就黑了。因此王國緯說：

> 天黑黑：雨季很長，尤其冬天，陰雨綿綿；厝頂黑黑：下雨時間長，
> 屋頂都是用油毛毯紙漆上柏油（瀝青），避免屋頂漏水；面黑黑：礦
> 工採礦，從礦坑出來，臉沾滿煤渣，所以臉都是黑的。〔註19〕

天候、人文景觀、人，交集成三黑特色，靠山吃山靠海吃海，基隆面海有漁民，基隆礦山有礦工，職場的風險高，面對無常，十分無奈，1984 年因煤礦災變頻繁傳〔註20〕，政府下令礦場關閉，礦業開始沒落，基隆有三黑成為基隆人共同的回憶。

4. 洗金：頭戴銅盔、身穿龜甲、尻川〔註21〕坐八卦、雙腳穿草鞋。〔註22〕

劉銘傳時期，修築基隆到臺北的鐵路工人，無意中發現基隆河閃著金光，砂金便被發現，一時之間淘金人潮不斷，在光緒 17 年（1891），基隆河上每日的採金淘洗人數達三千人，砂金的發現使暖暖的繁榮，達於顛峰；王國緯說：

> 以前的臉盆是銅做的，洗金帶臉盆去洗砂金，黃金沉澱在臉盆的底
> 層，下雨時臉盆戴頭上，下雨穿龜甲〈蓑衣的第一代〉，用竹片編製，
> 中間放蒲葵〈防雨〉穿起來外觀像烏龜殼，整天在水中，屁股都濕
> 了，用黃藤捲成一個圓形大餅，掛腰上，坐下來就坐在黃藤編的大
> 餅圈，就如坐八卦，穿草鞋，在溪水中，可防滑。〔註23〕

掏金時所帶著銅盆、龜甲、八卦餅圈、草鞋可知基隆多雨，產業與自然環境的密切關係，由此可知。

5. 好好鱟，刣到屎那流。

鱟魚〔註24〕乃稀有動物，其血為藍色，殼與肉皆有用途，謝呈奇說：「基

〔註19〕王國緯訪談稿，頁 310。
〔註20〕新北市土城海山煤礦礦災死亡 74 人，瑞芳媒山煤礦災礦死亡 103 人。
〔註21〕尻川（音標讀做ㄎㄚ～ㄘㄥ），閩南語如此寫法，屁股之意。
〔註22〕王國緯訪稿，頁 310。
〔註23〕王國緯訪稿，頁 310。
〔註24〕鱟魚，殼黑，甚堅，可作杓。尾長如鎗，有足十二，生在腹下，雄小雌大，
　　　　置之水中，雄浮雌沉，雌長負雄而行，雖波濤終不解，失偶則不能獨活，

隆有一個生活器具叫學鱟，盛水、炒麵都可用，亦即鱟殼可做鍋鏟，鱟肉亦
可料理，作為解饞佐酒之用。」〔註 25〕毓臣詩云：「雌雄相負儼如帆，作醢居
然為老饞，取伴醅乾同一醉，官樓酒暈滿青衫。」〔註 26〕解饞佐酒有鱟肉，
是老饕一大享受。除基隆出產鱟，其他地方少見，現在沒人要，捉到的話都
丟到海中，原因是不好刣〔註 27〕，意思是上等的鱟魚卻因難處理而致料理得
漏屎，比喻一件好好的事卻弄得七葷八素亂糟糟。

（四）風俗民情

　　水流東　吃袂空，筆山拱水　鮘水流東。〔註 28〕
在資訊不發達的時代，人們生活簡單樸實，暖暖之所以能有此榮景，當地人
認為乃因風水之故。從金山寺往基隆河方向望去，山脈綿延好像筆架，於是
有「筆山拱北」一詞；溪水流東指暖暖溪東流，風水之說採認：水往東流會帶
來財源，所以暖暖溪往北匯入基隆河時，突然轉向東流，「水流東，吃袂空。」
的俗諺因此傳開。

　　水在傳統觀念中代表錢財，此則諺語指只要水流不斷，財源即滾滾而來
之意。暖暖山明水秀，悠悠基隆河日夜向東流，筆架山蘊孕地傑人靈，文風
鼎盛，國民政府轉進來臺，基隆市政府的軍公教員工宿舍，一在暖暖，有市
府員工宿舍與臺電員工宿舍，一在碇內，碇內國小對面有市府員工宿舍，旁
邊有港務局員工宿舍，後面有海軍宿舍；因之暖暖多名人如溥心畬、周植夫、
陳其寅、蕭蕭、向陽……正應驗此風水之說。

二、歌謠

　　真誠的情感，精巧的語言，此乃文學創作最基本、最重要的原則，表達
感情必須真善美，方可打動人心，日本儒學家荻生徂徠（1666～1728）說：
「古代的詩（中國《詩經》）和今天的詩一樣，都是講述人情，先王之道是順

　　　　故號鱟媚，漁人拾之，必得雙，腹中有子如粟大，可醃以為醬，甚佳。引
　　　　自鄭用錫，《淡水廳志稿》卷二（南投：臺灣省文獻委員會，1998 年），頁
　　　　148。
〔註 25〕《基隆市鄉土史料──耆老口述歷史（一）》，頁 74。
〔註 26〕蔡汝修編，《臺海擊缽吟集》（臺北縣：龍文出版社，2006 年），頁 180。
〔註 27〕《基隆市鄉土史料──耆老口述歷史（一）》，記載昔時沒人要，現為生物科
　　　　技所利用，頁 74。
〔註 28〕余燧賓主編，《基隆市民間采集（一）》，頁 15。

乎人情，先王若不懂人情，其道欲行天下，也是不可能。」〔註29〕歌謠雖非流行歌，其內容卻是人性的自然表現，例如乞丐調、勸世歌，詮釋人性的無奈，並予積極勸善，而山歌對唱、褒歌對唱，世間男女情歌對唱，亦是人性自然的表現；民間歌謠的曲調或歌詞創作，作者往往不詳，善於說唱書者，卻目不識丁，或識字有限，作者因熟習各種民間傳統歌調、唱腔、及敘事方式，隨時可編唱，可自娛也娛人。歌謠代表的是一個時代、一種社會與文化，也是一種傳統、一種風格，在風行草偃的情形下，歌謠運應而生。

褒歌為表達情感和思想的創作，有的是即興創作，有的是傳統創作。在男尊女卑的漢家社會，女性沒有地位，但卻是扶持丈夫的賢內助，亦是家庭的粗細活都得扛的堅強女性，她們以歌疏解生活壓力，卻形成獨特的文化象徵。暖暖、七堵產茶，種茶就有採茶人家，在採茶時，青年男女以褒歌互傳情意，歌詞不定，隨興的，所以沒有固定歌詞而流傳下來。褒歌曲調主要來自七字仔，曲調熟悉之後，才因時因地隨興改歌詞〔註30〕；褒歌形式通常是男女對唱，採茶辛苦彼此疼惜、或男女傳情或打趣、抒發情緒，口唱吟詠極富詩意。褒歌內容包羅萬象，本章節擷取以茶業為主的褒歌，另以時代背景為輔，象徵褒歌隨時空轉變，歌詞由即興到社團創作，民間已不復傳唱。以下為褒歌作品舉隅：

1. 採茶人家

> 手揹茶篙結半腰，
> 手揹茶篙結半腰，
> 卜去茶山挽茶葉，
> 身軀扑澹驚人笑，
> 若無艱苦賺錢袂著。〔註31〕

拿起茶簍繫在腰上，得去茶山採茶葉；雖然身體都濕了，難免也會怕人家笑話，但是若不辛苦一點，可是無法賺錢生活。

採茶需大量勞工，男女皆宜，採茶業適提供青年就業機會，惟在苦悶的工作中，苦中作樂，自娛娛人。一般的「相褒歌」皆為七言一句，四句為一首

〔註29〕轉引孟昭毅等，《簡明比較文學原理》（北京：北京大學出版社，2010年），頁134。

〔註30〕王國緯訪稿，頁311。

〔註31〕曾子良，《基隆民間采集（三）》，頁18。

（閩南語稱一葩），後面增加之句，應為唱者有感而發添加的，也有可能是因個人獨唱（非真正男女兩人現場對褒），而替對方接詞之句。〔註32〕即興而唱歡歡喜喜，不拘形式的唱腔，人民生活更自在。

2. 鳳求凰

> 這爿看過迄爿溪，
> 這爿看過迄爿溪噢，
> 看著阿娘仔咧挽茶噢，
> 一工挽了是無偌儕，
> 盤山過嶺是穿破鞋噢。〔註33〕

從這裏往對面溪谷望過去，正好看見姑娘妳在那採茶葉，看妳一天也採不了多少茶葉，賺沒幾個錢，何必那麼辛苦，還得穿個破鞋在那裏翻山越嶺多辛苦啊！

　　一般「挽茶歌」之「對褒」，多由男方起頭，本首之詞句，男方欲與女方有浪漫的開始，便故意講些風涼話，引起女方注意，後續就端看女方如何看待及回應。在褒歌內常見「哥」「兄」，此意為郎君，情郎；阿娘，意為姑娘，閩南語習慣用法，常在人稱用「阿字」，例如阿明、阿花、阿爸、阿母……阿字並無特殊意義，阿兄，阿君，阿娘，只是個暱稱，不一定有夫妻或情侶關係。

3. 打情罵俏

> 若卜相褒來遮坐，
> 若卜相褒是來遮坐，
> 毋通帶遐咧狗吹螺噢，
> 阮個吹螺是有時陣噢，
> 狗公汝吹螺是死狗瘟噢。〔註34〕

你若要來和我進行山歌對唱，就請過來這邊坐，不要在那裏有如瘋狗亂吠一般；人家我如要唱歌或喚人，也會有時間和定點，那會像你這隻公狗在亂叫，有如得到瘟疫般在哀嚎。

〔註32〕曾子良，《基隆民間采集（三）》，頁24。
〔註33〕曾子良，《基隆民間采集（三）》，頁18。
〔註34〕曾子良，《基隆民間采集（三）》，頁54。

> 阿君食娘真正夠，
>
> 講阿君食娘真正夠，
>
> 稻仔刈落含頭薅，
>
> 等到機會若是到，
>
> 阮斬草斷根都無回頭。〔註35〕

郎君你未免欺人太甚，稻子讓你收割也就算了，竟然還連根都拔除；等我要是逮到機會，我也要跟你一刀兩斷斬草除根，不會再回頭。

相褒：男女兩人對唱，唱詞皆為「四句連」之型式，並以對方所唱的內容加以回應而臨時編出，故難度極高；「相褒」原意為互相讚美之意，但唱到後來往往不甘示弱而相互數落、嘲弄，甚至於咒罵對方，語詞中含有親暱或誘惑，但皆為戲謔，男女調情藝術，趣味橫生。

昔時青年男女少有接觸機會，男女因採茶而相處，正是發展關係的好時機，女方在接到對方「褒歌」所傳遞的訊息時，心中若有所屬，或是不屑一顧，各會有不同之回應。由這二首歌謠內容觀之，女方有意接受男方的情意，卻也不甘雌服，要壓制一下男方的傲氣，彼此唇槍舌劍，情感卻自然發酵。

在保守的社會中男女愛在心裡口難開，只能藉歌傳情。以上情歌皆無愛字，卻愛意綿綿，多情自古傷離別，朝朝暮暮，念去去，千里煙波，期待共剪西窗燭，天涯海角有窮時，只有相思無盡處。《詩經》云：

> 彼狡童兮，不與我言兮，
>
> 維子之故，使我不能餐兮。
>
> 彼狡童兮，不與我食兮，
>
> 維子之故，使我不能息兮！〔註36〕

《詩經》中唯美的愛情，在褒歌中也時常出現，戀愛中的男女，寢食不安，十分寫實，窈窕淑女君子好逑，男女藉由褒歌互傳情意，撥雨撩雲，迎風待月，無意間也會出現鴛鴦蝴蝶般的戀情；或曠男怨女，如鏡花水月般的怨偶，褒歌搭起男女交會的橋樑。

褒歌雖是民間生活的寫照，但隨時代改變，取而代之的科技媒體，傳遞訊息多元化，褒歌的功能減弱，現在民間團體創作新曲更加入現代建設，教育水準的提升，使得褒歌由口頭吟唱轉變成文字創作。

〔註35〕曾子良，《基隆民間采集（三）》，頁54。

〔註36〕于天池、李書，《教你讀詩經》（臺北：秀威資訊出版，2012年），頁154。

> 政府建設有真好，
>
> 政府建設有真好，
>
> 新店_來幹過北二高，
>
> 歸站路標攏有做，
>
> 這條_來幹過透永和。〔註37〕

政府在建設方面做得很好，從我們坪林經新店，轉過去就可上北二高。全線路標都很清楚，從這裡轉個彎也可以通到永和。

> 水庫回饋有真好，
>
> 水庫回饋有真好，
>
> 歸莊大路平波波，
>
> 莊中頭人_嘛真爻做，
>
> 歸條大路好迌迌。〔註38〕

翡翠水庫當局有撥一些經費回饋鄉里，所以村裡的道路鋪得很平坦；這都是地方的首長，很會做事又有擔當，你看四處的道路既寬敞又平坦，沿路有好山好水，好旅遊。

> 有開新路透南港，
>
> 有開新路透南港，
>
> 坪林對面開磅空，
>
> 政府_咧做是卡有望，
>
> 後擺卜過_嘛卡省工。〔註39〕

磅空即隧道、山洞，新開闢的北宜快速公路，可從這裡直達南港，在坪林這裏有開挖隧道；工程雖然很艱鉅，但因為是政府的建設，比較有指望能夠完工，以後要到別地，就不必再翻山越嶺。

　　今民間褒歌鮮見，甚至褒歌形成另類文化表演藝術，基隆民間社團能有此創作，實為可貴。由褒歌中了解時代背景與時代變遷，採茶產業之辛苦，言情褒歌，男女含蓄相互傳情，濃情密意；無華麗詞藻，用字淺白，透露人性的感情，引起共鳴，這是民間文學的特色，也是基隆民間生活的寫照；褒歌原最盛行於山區採茶，因著時代的轉變，基隆茶區萎縮，久不上山忘記歌，

〔註37〕曾子良，《基隆民間采集（三）》，頁72。
〔註38〕曾子良，《基隆民間采集（三）》，頁74。
〔註39〕曾子良，《基隆民間采集（三）》，頁75。

褒歌亦隨之消逝。

三、傳說

王孝廉認為傳說與神話的分別是：「傳說通常是以它的現實世界的自然性、社會性、人文性和宗教傳統作為背景而產生的，不像神話有超越時空的特性。」〔註40〕亦即傳說的時、空、人、事都是特定的，而神話則限於上古洪荒、不可考究的人事。神話的想像無窮，傳說以可信度為依歸，比神話更能取信於人，因為傳說附會於歷史，或強調來源有據〔註41〕，傳說的故事空間，是近代的、現實界的，以敘述形式，代代相傳。

1. 目仔少爺的故事（一）：賢妻篇

目仔少爺（林朝棟）〔註42〕的太太，知識成高，是一個好太太。有一擺，講卜畫相，因為古早人無照相機，目仔少爺講：「目啁剩一蕊，卜安怎？」後來想想講：「挖耳孔！安呢目啁就一蕊啊！」伊某講：「毋著！你是武將呢！哪會使做無聊的動作，所以應該是愛射弓箭才著。」射弓箭目啁麼一蕊，可見伊太太成賢慧。〔註43〕

目仔少爺是林朝棟，其在練軍時一眼受傷而瞎，目仔少爺之妻，知識水準高，是一賢內助。因為早期無照相機設備，某天，目仔少爺想要畫像，有些煩惱：「眼睛剩一眼，怎麼辦？」後來想到一個方法：「挖耳朵！這樣眼睛就一眼啊！」其妻反對：「不對！你是武將呢！怎麼可以做這種不雅的動作，所以應該是要射弓箭才對。」射弓箭時眼睛也是閉一眼以瞄準標的，閉一眼射箭才符將軍風範，可見目仔少爺之妻非常聰慧，想出好方法為丈夫解決難題，在封建社會，女子無才便是德，女人是沉默的，目仔少爺的夫人有此機智反應，實才思過人。

2. 目仔少爺的故事（二）：殺蘇廟

暖暖若無周仔印　　蘇廟頭殼配天津〔註44〕

〔註40〕王孝廉，《神話與小說》（臺北：時報出版，1986年），頁85。
〔註41〕曾永義，《俗文學概論》，頁350～351。
〔註42〕林朝棟（1851年～1904年），字蔭堂，號又密，幼名松，綽號稱「目仔少爺」，臺灣府彰化縣阿罩霧人，因參與清法戰爭的臺灣戰事而到基隆，協助劉銘傳在臺灣辦理新政，以及平定施九緞事件。
〔註43〕余燧賓主編，《基隆市民間采集（一）》，頁33。
〔註44〕余燧賓主編，《基隆市民間采集（一）》，頁31。

以前汐止有個蘇姓的有錢人家，有位少爺蘇廟，1885 年過年，時值
清法戰爭，蘇家少爺帶著許多隨從，浩浩蕩蕩的準備要到四腳亭找
朋友喝春酒，途經暖暖遇到當時的統領林朝棟，在戰爭期間，戰務
吃緊，所以氣氛也較嚴肅，蘇廟輕浮，沖犯軍威，統領林朝棟一怒，
要捉拿蘇廟砍頭，在當時冒犯軍紀，可先斬後奏，把砍下來的頭漬
鹽送到東北呈報案由。蘇家隨從逃脫後，在暖暖找到周印請求他幫
忙，否則蘇廟難逃一死。因為天津為北京的港口，所以「配天津」
即送到北京，有殺頭的意思。〔註45〕

本故事可知目仔少爺軍紀嚴明，闖禍的蘇廟，太不識時務，不懂察言觀色，
難怪惹禍上身，幸虧家丁反應快，蘇廟方得脫險。

　　傳說往往依附歷史，因此可增進庶民對歷史的認知，以及對此中人物的
情感，更具社教功能，又由於對地方風物的傳說精彩生動，可激發鄉土意識，
促進觀光，顯示傳說意義非凡。

　　3. 基隆「出米洞」的傳說

　　傳說中的基隆「出米洞」其地點在「白米甕」、「仙洞」兩地，仙洞、白米
甕二地相臨，東面基隆港，清時分屬仙洞庄、白米甕庄，日治時期曾併作仙
洞庄、仙洞町，行政劃分屢經調整，今則分屬仙洞里、太白里。〔註46〕據文
獻考察，基隆「出米洞」傳說有五則：

　　（1）施翠峰自仙足尼姑處採錄一則「白米甕故事」

古時候紅毛洋人侵佔臺灣北部，當時的漢人為了避難，紛紛躲到海邊
大小山洞裏不敢出來，日子一久，大家攜帶的食物都吃光了，正臨窮
途末路之際，有人忽然發覺一塊岩石形如米甕，細看之下發現裏面卻
裝著白米。於是大家如獲至寶，靠這些白米渡過一段困難的時期。奇
怪的是白米湧出來的數量不多也不少，每次都配合需要的人數湧出。
可是避難者當中，有一個自私者，為了獨佔白米，遂將白米甕口鑿大
了，可是從此白米甕失了靈，再也不湧出白米了。〔註47〕

〔註45〕王國緯訪稿，頁 309。
〔註46〕廖秋娥、黃致誠，《臺灣地名辭書卷 17：基隆市》（南投：臺灣省文獻委員會，
　　　　1996 年），頁 169、188、190。
〔註47〕施翠峰，〈仙洞與白米甕〉，《思古幽情集（一）名勝古蹟篇》（臺北：時報文
　　　　化，1975 年），頁 13～14。

（2）沈明達所採錄〈仙洞空，白米甕〉

清朝「西仔反」，逐個攏嘛走去宓，彼阮老母才七歲耳，益宓咧東爿，東洞這爿。來三個人，三個人米；來十個，十個人個米，無加也無減，益毋才講「仙洞空，白米甕」。等荷蘭仔兵撒退，米著無去矣。〔註48〕

（3）簡萬火《基隆志》，載有「基隆八景」，其中「米甕晚霞」條云

米甕處仙洞燈臺之下，現稱仙洞町，在港之北方。聞昔有一老婦，近居岩畔，發見岩石上有小孔，常出白米，日約成升，堪自供用。無如該婦因貧而貪，意欲鑿大其孔，以多得米，糶換金錢。遂至孔塞糧絕，未幾而婦亦亡矣。故稱曰白米甕。惟其處，每至薄暮之間，涼風習習，晚霞靄靄，堪以賞遊娛樂，實不愧為八景中之第二也。〔註49〕

（4）吳瀛濤《臺灣民俗》所載〈白米壺〉

基隆的仙洞，洞內從前住過一位廟守。據說洞頂原有一個空隙，每天漏出一些白米來，給那位廟守吃。如果逢廟裡有客，漏出的白米也會較平時為多。一天，洞裡來了一個風水師，見到洞頂漏下白米，就對廟守說：「這空隙既然每天有米漏出來，裡面一定蘊藏很豐富。假如把空隙開掘得大一點，可以得到更多的米，賣出去會發大財。」廟守本來不聽這位貪心的風水師的話；但是後來利誘心動，終於把空隙鑿大了一點，可是結果，白米只有那一次比平常漏出得多一點，以後就一粒也不漏出來了。廟守懊悔不及，從此斷了米糧，沒有飯吃，最後竟餓死了。現在，人們都叫這空隙的地方為白米壺。〔註50〕

（5）李汝和主修《臺灣省通志》亦有紀載有關雞籠白米甕之由來

崖間小洞如甕，傳昔一婦，見洞內滿貯白米約升許，喜而取之，日日往視，皆有所獲，久生貪婪之念，鑿大其口，米乃絕，因名白米甕。〔註51〕

基隆五則「出米洞」的傳說，大同小異，內容大致是出米洞有仙跡，出米之後有甕盛米，出米洞之傳說，尤以基隆地區所流傳者最廣為人知，據出米洞傳

〔註48〕許梅貞，《基隆市民間文學采集（二）》，頁151。
〔註49〕簡萬火，《基隆志》，頁19。
〔註50〕吳瀛濤，〈白米壺〉，《臺灣民俗》（臺北：眾文圖書，2000年），頁368～369。
〔註51〕李汝和主修，《臺灣省通志‧卷一土地志》（臺北：臺灣省文獻委員會，1970年），頁35。

說改寫之兒童故事，有陳千武，〈貪心的惡果〉，洪淑英等，《白米仙洞》……〔註52〕眾多出米洞傳說，皆有著神奇情節，石頭出米令人嘖嘖稱奇，出米依人口數定量而且日復一日不間斷，最後以「人性貪欲無厭」使米洞「絕糧」而結束，此類故事所寓言「知足不辱，貪心受懲」之旨趣，實昭然若揭。

四、民間故事

民間故事的主角是平凡的百姓，人物形象有定型化、模式化的傾向，題材為日常生活的大小事，不同的地方，可能產生同類型的故事，民間故事比傳說更富幻想性。民間故事的流傳，一方面因人口的遷移而傳播，也隨時空而改變，除有文學研究價值外，更具臺灣社會發展的歷史文化意義〔註53〕，每個時代文化背景不同，民間故事在歷程上的改變恰與臺灣社會發展相契合；基隆的民間故事有蘇府三爺公的故事、田螺報恩……使基隆地區增添幾分神秘色彩與趣味性。

1. 蘇府三爺公的故事

> 蘇府三爺乃為泉州人氏，在朝為官，政風良好，某一天夜間聽五瘟神之語，才知上天降禍泉民，謂泉州人民太浪費物資，蘇府三爺於是奪五瘟神的毒藥服下而亡。天帝憫其誠，所以赦泉民之罪；又明代崇禎年間蘇府三爺時常在泉州沿海，保護民生，顯赫神靈，深受民間崇仰。蘇府三爺公，供奉在八堵威德廟，很靈驗，最會捉賊，封建社會民智未開，若有失竊案，靠神捉賊，辦一場法會，神會藉乩童說「我知道誰偷的，我會給你悔過機會，三天內物回原地，否則直接搜索」，做賊的人往往心虛，會在法場上看究竟，在心理作祟下，賊會悄悄將贓物歸回原地，只要物歸原位，失主也不追究了。〔註54〕

昔時民風純樸，社會治安良好，發生竊盜之事，整個村莊便會議論紛紛，宵

〔註52〕胡萬川於型號「751**：出米洞」所列七篇臺灣文本中，基隆即佔有四篇，而據出米洞傳說改寫之兒童故事，如陳千武，〈貪心的惡果〉，《臺灣民間故事》（臺中：臺灣省兒童文學協會，1984年），洪淑英等，《白米仙洞》（臺北：花旗出版，1999年）等，亦多本諸基隆地區之異文，足見其頗富知名度。引自鄧郁生，〈試論基隆地區「出米洞」型傳說之歷史記憶〉，《臺灣文學研究叢刊》第20期（2017年2月），頁29。

〔註53〕胡萬川主編，《臺灣民間文學學術研討會論文集》（南投：省文化處，1998年），頁40。

〔註54〕王國維訪稿，頁309。

小在輿論之下良心不安，並在神明的捉拿威嚇下，將物完璧歸趙，甚至俯首認罪。在社會文化演進過程中，有些事無法依據法源辦理，於是民間自然形成一種解決方法，相沿成習，依其事理自有其遵循之道，這些原則凝結於諺語、傳說中，蘇府三爺公捉賊記便是一例。

2. 褒歌中的民間故事

> 水錦開花白波波
> 水錦開花白波波
> 樹莓開花人看無
> 阿君存辦卜梟嫂
> 我嫂存辦卜詈哥
> 詈甲予汝又袂好
> 一跤一手嘛金龜翔〔註55〕

木槿開花的時候非常潔白妍麗，楊梅開花可是一般人看不到的；郎君你打算對我負心，那我也打算要咒罵你；咒你生不如死，永遠不會好結果，只剩一手一腳，就像金龜子般，只能在地上團團轉慢慢爬。

「樹莓開花人看無」，傳說楊梅樹的花朵非常漂亮，但卻很少開花，只在每年農曆正月十五日的深夜，才可能看到花開，而且看到楊梅花的人會不吉利。有一位年輕貌美的女子，擅長女紅，任何美麗的花朵她都繡得出來，唯獨楊梅樹的花朵因沒見過，所以也無法繡出楊梅花。因此她最大的心願，就是能一睹楊梅花的風采，於是她夜夜都到楊梅樹下等待著，終於有一天盼到了，那天正是農曆正月十五日的夜晚，可是當她繡完楊梅花之時，她卻在樹下香消玉殞，也有傳說還沒繡完便離開人世。〔註56〕

彼岸花，開一千年，落一千年，花葉永不相見。情不為因果，緣注定生死。彼岸花別名曼珠沙華，意為天上的花，此花只開於黃泉路上，故又稱為地獄之花；彼岸花，花開彼岸，花開時無葉，有葉時無花，花葉兩不相見，如此輪迴，生生相錯。楊梅花與金針女，猶如彼岸花與葉，花生葉落，葉現花枯，金針女為花而死，意味著花葉永不相見，有著永遠無法相會的悲戀，若相見即別離。金針女嘔心瀝血，只圖一個心願，至死不悔，金針女如願以償，死而後已，死有重於泰山，至死靡它，求仁而得仁，無怨矣。

〔註55〕曾子良，《基隆民間采集（三）》，頁74。
〔註56〕本則故事源自曾子良，《基隆民間采集（三）》，頁59，經本研究整理。

3. 五堵的故事：田螺報恩，秀才雪冤 〔註57〕

古今中外動物報恩的故事不勝枚舉，中國南朝梁吳均作《續齊諧記》，記載朱雀報恩，東晉陶淵明的《搜神後記》記載螺女報恩、日本《白鶴報恩》（鶴の恩返し）……等等，動物受惠於人類而知感恩圖報，有的直接幫忙如《白鶴報恩》，有的經由詩文化解危機，如本則故事《田螺報恩》，這些故事價值不在真偽，而是寓意，受人滴水湧泉以報，切勿忘恩負義。

清朝嘉慶年間，基隆五堵有位李秀才，為求取功名富貴，離開嬌妻張氏，遠赴福州參加鄉試，不幸名落孫山，於是打道回府，自福建坐船到淡水，再步行返家，走到一水田處，見一田螺從殼裡爬出產卵。田螺殼很輕，浮在水面，風一吹，就隨著水波流到遠處。李秀才一念之仁，把殼撿起來，放在田螺旁邊，乃因田螺剛產下卵，若找不到牠的殼，生命即會有危險，正如俗語所謂「田螺生子為子死」。田螺感謝李秀才救命之恩，知李秀才即將有難，以字警告李秀才，原來有個康三郎，想染指他的妻子張氏，計殺李秀才，卻誤殺張氏，又嫁禍李秀才，李秀才因田螺的警示，方得以沉冤昭雪。

此則故事田螺在田埂上寫的二十個警語「龜橋不夜宿，油手不洗身；蒼蠅吃筆尾，八堵黃阿坤」或「渡頭不夜宿、油身不洗身、蒼蠅吃筆尾、八堵康三郎」，儘管田螺詩的說法有二種，但故事大同小異，李秀才好心有好報，康三郎偷情張氏，為得到張氏，卻弄巧成拙，所幸縣官明察秋毫，查出真兇，最後讓李秀才無罪釋放。〔註58〕

民間故事是人類歷史裡很重要的一環，它保存無文字時代的歷史，在文盲甚多的時代，民間故事為歷史傳承的重要管道。雖然民間故事也許是虛構的敘事，未能登大雅之堂，但無論民間故事是否發生過，卻無損民間故事的價值觀：「色字頭上一把刀」、「因果循環，善惡有報」、「切勿輕視每一條生命」、「施恩慎勿念，受恩慎勿忘」，因此，這些寓意，呈現動物報恩的存在價值，物猶如此，更何況是人。

4. 神仙與妖精：「戇戇蹄仙洞」〔註59〕

「戇戇」，愚笨之意，仙洞即「仙人所居住的洞穴」〔註60〕，在今中山區，

〔註57〕曾子良，《基隆民間采集（三）》，頁146。
〔註58〕本則故事源自曾子良，《基隆民間采集（三）》，經本研究整理。
〔註59〕曾子良，《基隆民間采集（三）》，頁150。
〔註60〕安倍明義，《臺灣地名研究》（臺北：蕃語研究會，1938年），頁110。原文如

位於基隆港西岸中段仙洞鼻之背，峭崖屹峙，間有大洞，洞口西向甚闊，清同治年間設置的佛寺築於其中，仙洞巖是基隆地區最大的海蝕洞，古老的傳說，仙人呂洞賓曾經到仙洞巖駐足，當時四處的善男信女聞風而來，在洞口徘徊不去，呂洞賓不忍，遂開口說：「你們啊！就戀戀蹕仙洞吧！」

仙洞巖內，有蜿蜒的洞穴，「洞內分為三，中洞屈曲數十武，左右兩洞較狹，深各三丈餘，浸蝕罅裂，苔蘚斑駁〔註61〕」，故僅能側身蹲膝前行一小段路，即可看見石桌、石床，鬼斧神工，傳說呂洞賓於此修道，與清代首任臺灣知府蔣毓英，在《臺灣府志》中提到的情景頗為吻合。

> 從臺灣東北，諸山頓起，起伏二千餘里到沙馬磯頭山，深山之中，人跡罕至，其間人形獸面、鹿豕猴獐，涵淹卵育；魑魅魍魎、山妖水怪，亦時出。至於仙人之山，有絳衣、黑衣仙子時常下遊，石磴、棊盤儼然在焉，則別一洞天世界。〔註62〕

神仙居住之地是為仙居，虔誠的信徒五體投地叩拜這塊人間淨土，是山巒與藍天交會之處，仙鄉乃神仙駐足之地，令信徒十分景仰，往往也成為宗教聖地，正是「山不在高，有仙則名」。

仙洞一帶曾有一條大蛇，當牠爬出仙洞口便化成一條木頭，若有人不知而誤將之視為椅子坐下，即被蛇吞噬，可見這蛇已成蛇精。未幾，那條蛇被雷擊斃，當蛇死亡時，有人說要用電再去電它，電死之後剁成兩三截，此乃蛇變成精，吞人作祟的故事。

自古人妖殊途，在仙洞這隻蛇妖，因會吃人，「天理不容」，被雷擊而斃命，白蛇傳的白蛇青蛇也曾受雷擊威脅，妖會危害人類是邪惡的化身，所謂「邪不勝正」，這是千古不變的真理。仙洞因特殊地形成為民間遐想的最佳空間，呂洞賓、蛇妖、出米洞等故事，不論年代有多遠，一直為民間百姓津津樂道。

五、燈謎

元宵節又稱燈節，漢文帝於平定「呂雉之亂」後明定每年的正月十五日無宵禁，讓市民百姓盡歡達旦，故漢書上言：「執金吾掌禁夜行，唯正月十五許弛禁，謂之『放夜』。」〔註63〕元宵節的重要節目之一，就是打燈謎。這種

下：「仙洞は一に仙人洞といひ、仙人の住む洞穴の謂。」
〔註61〕李汝和主修，《臺灣省通志·卷一土地志》，頁35。
〔註62〕蔣毓英，《臺灣府志》（北京：中華書局，1985年），頁30。
〔註63〕引自劉廣英，《氣象萬千》，頁21～22。

由春秋時代的「庾詞」,說文上的「隱語」,演變而來的文化活動,不但優雅且通俗,適合各種文化層次的人士欣賞。

燈謎原是口述,再由人搶答,答對者有打賞,後世將謎語化為文字保留下來,經過數千年的演進後,為市井小民所樂道。而謎語之寫作,森羅萬象,一應俱全,凡是古書內容、詩詞文句、俗語、成語、古今人名、地名或日常生活用語,皆可作為「謎底」,另外撰寫隱含謎底意思的「謎面」,讓人猜射,如臺灣謎學先驅羅慶雲所云:「謎學為我國獨具的學術,其他任何國家未有,然而在文史上雖無顯著位置,但與詞賦並驅,藝林風韻,嗜好之士,與日俱增……」〔註64〕傳統的元宵燈謎因文雅有趣,富有文學、藝術、娛樂的特色,故謎語得到文學家們的青睞。

(一)基隆謎學

燈謎在日治時代中期,漸有發展,直到昭和時期,才受當時文人雅士的重視。自光復以來,臺灣的民間謎社組織,陸續已有二十幾個具規模的社團,傳統的元宵燈謎不僅妙趣橫生,更可怡情化俗。

1963年6月23日基隆謎學研究會成立,由羅慶雲任理事長33年,是臺灣第一個官方登記立案的謎學社團,該會1966年7月25日發行《中華燈謎》(旬刊),1973年11月10日改為《中國謎苑雜誌》(旬刊),先後達三十多年,該會出版《雨港春燈》三集。猜謎可以點綴昇平,賞心樂事,因之臺灣謎壇曾經相當活躍。元宵、端午、中秋節慶,均舉辦燈謎晚會。曾在《中華日報》、《自立晚報》、《民聲日報》、《民眾日報》、《東方日報》、《國民新聞》等刊謎候射〔註65〕,廣受歡迎。

(二)基隆謎學大師與作品舉隅
1. 周士衡(1900～1932)

根據《基隆古典文學史》記載:臺灣第一位「燈虎」者,是昭和初期的平溪籍詩人周士衡〔註66〕,今則選錄周士衡所撰寫之「燈謎」創作如下:

〔註64〕陳青松,《基隆古典文學史》,頁168。

〔註65〕曾永義,《俗文學概論》,頁142。

〔註66〕周士衡,字野鶴,早年曾是基隆小鳴吟社與基隆鐘亭會的社員,引自陳青松,《基隆古典文學史》,頁168。周士衡,〈春燈謎——閒雲謎集(一)　撰《四書》〉,《詩報》11號(1931年5月1日),頁14。周士衡,〈春燈謎——閒雲謎集(二)　撰《詩經》〉,《詩報》12號(1931年5月15日),頁13。

表 3-2　周士衡作品舉隅表（一）

春燈謎──閒雲謎集（一）　周士衡　撰《四書》

謎　面	謎　底
手轉乾坤	天下可運於掌
昔年親友盡凋零	故舊不遺
八九子	仲尼之徒
四海困窮	非富天下也
不飢不寒	飽食煖衣
太上皇	為天子父
君君	是二天子矣

資料來源：《詩報》11 號（1931 年 5 月 1 日），頁 14，由本研究製表。

表 3-3　周士衡作品舉隅表（二）

春燈謎──閒雲謎集（二）周士衡　撰《詩經》

謎　面	謎　底
尊居九五歲取十千	天子萬年
終日昏昏醉夢間	朝夕從事
父母兄弟	伯兮叔兮
坡翁變化	人百其身
縱囚	舍彼有罪
小主人	東家之子

資料來源：《詩報》12 號（1931 年 5 月 15 日），頁 13，由本研究製表。

以四書五經為謎題，不論是命題者或解謎者，除反應機智外，若無飽讀詩書，無法解謎。近年因學術主流為白話文，國人漢學基礎普遍滑落，此類深度謎題，除詩社外，民間一般節慶所設之燈謎活動，不復多見。

　　2. 羅慶雲（1912～2004）

　　羅慶雲為「基隆謎學會」理事長，「中華燈謎雜誌社」社長，他剴切的道出「蓋謎有謎之存在價值。每出一條謎，多含有歷史典故，句斟字酌，非僅謎面要雅馴天籟，而所扣謎底尤須恰切。使人猜之，是否有中，十目所視，十手

所指，不得固執偏強，謎之神貴在於斯耳。」〔註67〕又云：「晚近謎風益熾，上自省都，下至鄉僻，如遇佳節，每有燈謎晚會之舉，旨在宣揚文化，提倡高尚娛樂，匡正風教，實非淺鮮。」〔註68〕字字句句指出「射燈謎」的旨趣所在，雨港燈謎活動與「基隆市謎學研究會」關係密切，早在1963年基隆謎學會初創後，基隆的燈謎活動就十分熱絡，至1970年代與1980年代初期，已達頂峰，堪稱臺灣第一〔註69〕，尤其出版的三集《雨港春燈》，集集轟動全臺，膾炙人口。

表3-4 羅慶雲作品舉隅表

謎 面	提 示	謎 底
蘇東坡咳嗽	射香草籤五言一句	故使郎聽聲
司馬懿不敢進西城	射左傳莊公一句	懼有伏焉
留得形骸在	射臺諺一句	魂不附體
子房躡足密謂漢王曰	射臺諺句	好話無過三人耳
貴妃貌如雪	射成語	真相大白
熊掌亦我所欲	射五唐一句	誰言獨羨魚
乾坤之分	射易經二句	女正位乎內，男正位乎外
鴻門宴項莊舞劍	射尚書一句	保邦於未危

資料來源：羅慶雲，《雨港春燈》第一集，頁81。由本研究製表。

觀看周士衡、羅慶雲之謎學作品，這樣的謎學，若非有相當的國學根基，實在無從對答，因此現在的謎語傾向白話語文與生活化、通俗化、簡單化，因為淺顯易猜，才能引人參與，增加幾分趣味性，例如：

A. 九塊碗十個人（臆一個地號名）：基隆。

「基隆」，音諧「加人」，謂多一個人。

B. 三頓食無飽（臆一個地號名）：五堵。

「五堵」音諧「餓肚」謂沒吃飽，肚子餓。

〔註67〕羅慶雲，《雨港春燈》第一集（基隆：基隆市謎學研究會，1964年），頁7。
〔註68〕羅慶雲，《雨港春燈》第一集，頁81。
〔註69〕羅慶雲，《雨港春燈》第一集（基隆：基隆市謎學研究會，1964年）、羅慶雲，《雨港春燈》第二集（基隆：基隆市謎學研究會，1971年）、羅慶雲，《雨港春燈》第三集（基隆市：基隆市謎學研究會，1981年）。

C. 寒天起烘爐（臆一個地號名）：暖暖。

D. 「有戶無門一間房，一員大將內裡藏，人人說是關夫子，我看他是楚霸王。」謎底則為「扇」。〔註70〕

解謎者，有若捉迷藏，欲捉之，必先知其藏處；故解謎之鑰在於猜射者胸中有點墨、見識需寬廣，例如曹操與楊脩鬥智：『絕妙好辭』，成為古今趣聞。2004年基隆海洋大學開一堂很特別的課，名為燈謎研究，學生上課只要猜到教授出的謎題就可拿到學分，結果學生非常踴躍，有三百多人選這堂課。父母姊妹弟弟一家五口，猜一字，就是歌字，因為欠個哥哥。毒品海關充公，猜一種魚就是白帶魚，就是東西被沒收當然白帶。〔註71〕這些都是韓廷教授命謎題的，以活潑方式讓學生了解國學，相形之下亦可推展謎學。

對諺語與傳說部分，本研究已加以詮釋，有爭議者亦提出見解與證據；風俗民情與氣候諺語，寫盡基隆社會百態，而行銷生意的順口溜，絕佳廣告，小人物的特寫，戲而不謔，暖暖三黑與洗金，地方特殊產業，學鱟炒麵好滋味，民間故事目仔少爺真人真事，成為民間趣談，蘇府三爺抓賊記，彰顯民間擒賊的智慧，還有其他民間故事，都是基隆獨一無二的特色，由上述可知，基隆的民間文學古樸純真，水不洗水，塵不染塵，怡然自得，渾然天成。民間文學中每一篇故事或每一個諺語、每一首歌謠、每一則謎語，都是當時人民最真實的思想與情感表現，從區域文化角度檢視，都值得保存並傳承後世。

第二節　曲藝文學之類型及特色

通俗便是與俗眾相通，通俗文學的用詞遣字必須「明白曉暢，語語家常」，「以俗言道俗情」：即以明白曉暢的語言，反映俗眾感興趣的事情。通俗文學的特色，可從三方面加以判斷，即：一、是否「與通俗溝通」，二、是否「淺顯易懂」，三、是否有「娛樂消遣」功能。〔註72〕通俗文學，通俗是其優點，通俗的藝術，其優勢就是能夠深入淺出，不論雅人俗人皆可玩賞。通俗戲劇是以觀眾接受效果為主，是娛樂本位的藝術類型之一，以故事情節的生動、

〔註70〕劉廣英，《氣象萬千》，頁23。

〔註71〕新聞來源：華視新聞，李文耀報導，〈海大首開燈謎課三百人選修〉，2004年3月16日。

〔註72〕范伯群，孔慶東主編，《通俗文學的十五堂課》（臺北：五南，2008年），頁14。

曲折、感人見長，通俗小說是寫一般俗事，給俗眾作為茶餘酒後的閒聊話題，娛樂效果顯著。

一、戲曲

戲曲為一般社會的普通娛樂，無形中卻反應出社會的普通現象，戲曲多強調忠孝節義，基隆戲曲以北管子弟戲最為出色。

（一）北管子弟戲的流變

臺灣戲劇多隨著移民傳入，南管戲曲，光復之後方由閩南傳來〔註73〕，南管曲藝藝術性較高，北管戲曲卻深受民間喜愛，惟士大夫對戲曲頗有微詞，連橫云：「演戲為文學之一，善者可以感動人之善心，惡者可以懲創人之逸志，其效果與詩相若。而臺灣之劇，尚未足語此。」〔註74〕日人竹內治則說：「中國內地更視劇子與乞丐同流，甚至反對常人與之通婚，遑論認真調查臺灣戲劇，或肯定其藝術價值了。」〔註75〕此為士大夫不屑與平民百姓一般見識，對戲曲批判無文學價值性，而庶民的想法很單純，只要戲劇演得精采就很知足，何謂文學價值，不知其詳，因之兩極化觀點，使戲曲與文人格格不入，然臺灣人愛看戲劇，日治時期，日本對舊慣與戲曲採寬容的態度，因此民間習俗與戲劇仍能如常活動，而臺灣戲劇活動之熱烈，其來有自，而最具體而微的理由，就是免費看戲。農業社會最好的娛樂就是觀賞戲劇，東方孝義描述鄉下演戲時，男女老幼，拿著長板凳步行前去，看到深夜還不自知。〔註76〕庶民的心願一向不高，免費看戲，視為天大的好處，閒暇時看戲是一種享受，所以臺灣民間的戲劇活動一向興盛，從漢人在臺灣移墾時，戲劇就隨著漢人的農耕經驗與信仰文化而流傳，成為民眾生活的一部分。北管傳入臺灣，大約於清乾、嘉年間，乾隆、嘉慶時期是中國戲劇變化的關鍵時刻，中國戲劇逐由纖美典雅走向俚俗樸實，擺脫純文學的羈絆〔註77〕，以樸實、率真的戲劇與大眾結合，形成大眾文化；所謂大眾文化則必須貼近民意，內容平淺，生活化、通俗化，而與庶民心靈結合，所以在日治時代北管盛行於臺灣各地，除廟會演劇外，每逢各地迎神廟會，也都會受雇表演兩、三天，故臺灣各地

〔註73〕臺灣省文獻委員會，《基隆市鄉土史料——耆老口述歷史（一）》，頁15。
〔註74〕連橫，《臺灣通史》（臺北：臺灣通史社，1920年），頁691～692。
〔註75〕邱坤良，《日治時期臺灣戲劇之研究》（臺北：自立晚報，1992年），頁11。
〔註76〕邱坤良，《日治時期臺灣戲劇之研究》，頁59。
〔註77〕廖穗華，《耆宿懷難籠》，頁122。

有俗稱「看戲看『亂彈』」。〔註78〕亂彈從清代晚期到日治時期，持續蓬勃發展，直至皇民化時期，一切帶有漢民族風格的藝文活動方被禁止，包括臺灣傳統戲劇。在臺灣光復之後，北管子弟戲再度活絡，當時子弟戲團體還有上千之數，可見北管子弟戲受民間歡迎之盛況，隨著工商社會興起，各地的子弟戲團逐一消失或轉型為專業的軒社組織，現今已鮮見子弟戲的表演。

（二）北管子弟戲的音樂

各類戲曲中，以北管子弟戲最受基隆人民喜愛，北管子弟戲由當時地方良善子弟、富家子弟所組成的業餘戲團，當地父老出錢出力支援，年輕的子弟除學到唱戲、演戲以外，更可透過這個團體，學習協同合作，了解傳統的倫理道德。連橫《臺灣通史》稱：「臺灣之劇，一曰亂彈；傳自江南，故曰正音。其所唱者，大都二簧西皮，間有崑腔。」〔註79〕臺灣在地傳統戲曲，指在臺灣流傳久遠，並由在地人演出或於臺灣本地發展成形者，如北管（亂彈）戲曲。「北管」泛指早期傳入臺灣，所有以官話（正音）演唱之各種聲腔，凡非閩南語、非客家語系的各種音樂，均歸為「北管」範疇；因此北管戲曲的內容非常龐雜。

除北管戲曲使用北管音樂之外，早期臺灣之布袋戲、傀儡戲、道士戲，亦援用北管樂曲，因此，北管可稱是臺灣民間最為普遍的傳統音樂。北管音樂分為西皮與福路兩大類，北管界名師陳福言：「福路即是所奏提琴其形有似葫蘆，而因誤為『福路』。西皮所奏胡琴，其槽面為蛇皮，而音誤為『西皮』。」〔註80〕西皮屬皮黃系統，民間稱為「新路」；福路屬梆子系統，民間稱為「舊路」。北管曲牌吹奏以嗩吶為主，俗稱「牌子」。北管樂器通常因地區、派系、規模之不同而有差異，例如一般文場與武場常用的樂器有別，北管音樂翹楚，首推周植夫〔註81〕，周植夫擅北管樂，時人稱之為「顧曲周郎」，主暖暖〈靈義郡〉大隊長，又中華藝苑張作梅先生常曰：「余於植夫之

〔註78〕張啟豐，《清代臺灣戲曲活動與發展研究》，（成功大學博士論文，2004 年 8 月），頁 210。
〔註79〕連橫，《臺灣通史》，頁 192。
〔註80〕廖穗華，《耆宿懷雜籠》，頁 122。
〔註81〕周植夫，本名孫圍，以字行，暖暖人，為大同吟社、瀛社社員，桃李滿天下，飲譽士林，為北管音樂界名提琴家，弱冠後則詩名遠播，鏖詩場中，屢占魁首，聲譽益噪，並受聘臺大教授詩詞研習班為講師，著有《竹潭詩稿》。資料來源：《海門擊缽吟集第二集》，頁 144～145。

詩學奉若神明」。〔註82〕可知周植夫集詩樂於一身，實為基隆之光。

（三）北管較勁

1. 械鬥

北管的兩個派別，源自清代簡文登、詹大軒在宜蘭一帶教授亂彈時分裂而成，彼此勢同水火、壁壘分明，昔時，西皮、福祿械鬥起於宜蘭羅東，後來蔓延至基隆，地方耆老經歷此段歷史：

連育雲〔註83〕：日治時期的子弟戲最有名的是以城隍廟為主體之祿福派的聚樂社，及以聖公廟為主體之西皮派的得意堂。〔註84〕

朱麗水〔註85〕：草店尾地區是屬於「得意堂」的勢力，新店地區則屬於「聚樂社」的勢力區，其分界線很明顯，彼此不和，是早期基隆「角頭子弟」之社團組織，彼此使用之樂器不同，西皮派樂器用京胡，聲音高亢激昂，又稱「吊規仔」；福祿派用椰胡，聲音低沉而雄渾，俗稱「殼仔絃」。兩派間常起紛爭，雙方以旭川河為界，東邊為西皮派，西邊為福祿派，如對方有人越界，即可能發生拚鬥事件，甚至發生命案。〔註86〕

洪連成：福祿以張士文、西皮以蔡慶雲為領袖。當時漳泉械鬥消弭後，變成西皮、福祿之爭，因此經常發生打架，兩派頭人才出面協調，民國二十六年才自然消滅。〔註87〕

戲曲社團多以營利為目的，子弟戲卻是肩負保鄉之責，必須顧全鄉里的顏面，鄉人出錢出力，這絕非一般汲汲營利之富賈或自視高傲的文人所能理解。子弟團的成立，是屬於自願性社團性質，不僅無酬給，有時尚需分攤經費，這類社團對保留並延續該社群的傳統文化，竭盡所能，也為庄頭爭口氣，盡心盡力，一般人也都以參與子弟劇團為榮，幾乎每個鄉鎮都曾出現這類組織，此在臺灣戲劇史上，難得一見。

2. 拚戲

子弟社團多於宮廟慶典活動時擔任輿前陣頭，並於神前擺場扮仙，或獻

〔註82〕許梅貞編輯，《老藝師陳添火其人其藝共其事》（基隆：基隆文化，2003 年），頁 17。

〔註83〕連育雲，居基隆，商專，港務局。

〔註84〕臺灣省文獻委員會，《基隆市鄉土史料——耆老口述歷史（一）》，頁 129。

〔註85〕朱麗水，基隆人，初中，寺廟管理人。

〔註86〕臺灣省文獻委員會，《基隆市鄉土史料——耆老口述歷史（一）》，頁 93。

〔註87〕臺灣省文獻委員會，《基隆市鄉土史料——耆老口述歷史（一）》，頁 63。

演子弟戲，以祈求神明賜福賜祿賜壽，保佑地方，在大眾傳播媒體等休閒娛樂尚未普及的時代，北管戲曲除提供居民美學的欣賞，學習曲藝可怡情悅性，演出的戲齣，也能使民眾有異於平日的生活體驗。〔註88〕子弟戲在民風淳樸的時代，豐富庶民生活，形成庶民共同的記憶。在基隆地區仍發生過諸多北管「西皮」「福祿」派別之爭端，除械鬥外，也以拼戲決勝負。

（1）賽陣頭：以陣頭數量多寡、內容新穎精采與否較勁，兩派各自鼓舞地方財團，動員鄉民投入造勢。

（2）演戲對臺：事先蒐集情報、安排戲碼，各據一方相對較技，看戲群眾兩邊跑，此來彼往，高潮迭起，時而引起喧嘩打鬥情事。

（3）演奏牌子對決：

A. 迎神賽會或遭遇同場面對峙，即以大鑼聲音大小、嗩吶（鼓吹）音量多寡來比較高低。

B. 喜慶排場常為程序而互不相讓，只為爭面子，結果都由當事人主人家出面說好話、勸解。〔註89〕

C. 陣頭結隊西、福旗號分明，一旦遇上，即鑼鼓喧天、吹奏不停，先停下來者即是「技窮藝拙」〔註90〕，是輸家。

所以王金鳳說：

> 有當時做神明戲，拼戲嘛拼鑼拼鼓吹，看誰較大聲，較大陣，真鬧
> 熱。〔註91〕

這樣沒有流血的爭戰，單純的民間競技，比誰「較大聲，較大陣」，鑼鼓喧天，響徹雲霄，以今日的角度觀之，在熱鬧之餘，頗富趣味性。

3. 唇槍舌劍拚輸贏

由於西皮、福路之爭，生活上出現許多相關較勁諺語，例如

（1）西皮濟不如福路齊〔註92〕

此為福路派之言，表示雖西皮派人多勢眾，但福路派較團結。風大就涼，

〔註88〕許梅貞編輯，《老藝師陳添火其人其藝共其事》，頁5。

〔註89〕黃素貞主編，《鑼鼓喧天・話北管・亂彈傳奇》，頁46。

〔註90〕洪連城，《基隆市志》，卷二，住民志禮俗篇（基隆：基隆市政府，2001年），頁145～146。

〔註91〕白慈飄，林聰仁，《北管春秋：藝師王金鳳訪談錄》，頁121。

〔註92〕黃素貞主編，《鑼鼓喧天・話北管・亂彈傳奇》，頁74。

人多就強，喻人多就有力量，團結力量也大，眾志成城，共同以赴，其利斷金，顯示兩派說法爭鋒相對，互不相讓。

（2）海浪仔拗腳做豆乳，金蠅捻翅變蔭鼓。〔註93〕

西皮派神明標誌為沙蟹，如果把沙蟹的腳折斷後，沙蟹的軀體有如豆乳一樣方方的軟軟的，這是福祿派謾罵西皮派所言；而西皮派嘲諷福祿派神明則說是像金蠅〔註94〕，若把金蠅翅膀捻拉下來就同蔭鼓一般小小的；兩派子弟互詆對方神明為金蠅（音同金神，即果蠅，表福路派）與海籠仔（即沙蟹，表西皮派），彼此對立，不願後人。

（3）打贏就講贏

西皮福祿對立期間，雙方互不往來，若相互攻擊，發生衝突以「先打再說」為原則，只要打贏就有理，打輸就沒話可說，因此基隆流行「打贏就講贏」的俗語，意謂打贏就可理直氣壯，這是個充滿暴戾之氣仇恨滿懷的社會，極盡殺傷焚燒之能事，心態容易偏向極端，動不動破口大罵，殺氣騰騰，這樣的不和諧，族群撕裂，互相殘殺的械鬥便無可避免。

王金鳳說：

> 基隆就分得很清楚，基隆媽祖宮講福路，一定不會唱西皮，設在開
> 漳聖王廟、奠濟宮的得意堂屬西皮，一定不會唱福路，兩邊拼起來，
> 驚煞人。〔註95〕

福路與西皮原是各彈各調，界限清楚，不相混淆，昭和11年（1936）「西」、「福」競爭引起團隊械鬥，暖暖壯丁團（福）與七堵壯丁團（西）發生群毆事件，雙方兵戎相見，場面火爆，旋被日警鎮壓並經地方人士出面調和息事，近年來相繼成立藝宣聯誼組織，今北管在夕陽餘暉之下，已自然趨淡，化為互勉交流之局面矣。〔註96〕落日餘暉，無限惆悵，「西」「福」長期的纏鬥，雙方筋疲力盡，回首看前塵往事，令人不覺莞爾一笑，大江東去，浪已淘盡千古英雄人物，黃昏已至，勿庸再做任何計較，相知相惜，「西」「福」攜手走向無垠的蒼穹。

〔註93〕黃素貞主編，《鑼鼓喧天‧話北管‧亂彈傳奇》，頁74。
〔註94〕金蠅 kim-sîn。昆蟲名。複眼呈紅褐色的蒼蠅，具有亮麗光澤，故稱之「金蠅」。
〔註95〕白慈飄、林聰仁，《北管春秋：藝師王金鳳訪談錄》，頁100。
〔註96〕黃素貞主編，《鑼鼓喧天‧話北管‧亂彈傳奇》，頁49。

（四）北管子弟戲本作家作品

北管子弟戲的編劇多為文人所作，用詞優雅。北管戲曲劇目多源自歷史演義或民間故事，劇情動人，身段優美，唱腔與後場音樂高亢悅耳，也因北管戲曲熱鬧喧囂的音樂特質，適合廟會慶典、婚喪喜慶等場合，成為民間最正式的戲曲，每逢民間重要廟會活動，如建醮、入廟等科儀都會演出北管戲以示隆重，至今民間廟會野臺戲，在正戲演出前都一定要先表演一段北管扮仙戲，才能演出正式戲碼，可見北管戲曲在臺灣民間的重要性。

北管子弟戲戲目頗多，茲以國寶藝術大師陳添火所編寫劇本舉隅，陳添火是暖暖靈義郡的北管老師之一，十四歲開始學習北管音樂，師承陳石養、周添福、陳福、盧明老師；精通北管各種樂器與牌子，堪稱「八隻交椅坐透透」的全才藝師〔註97〕，屬於北管中的福路派。戲文表演多為忠臣孝子、節婦烈女、英雄俠士的傳奇故事，也影響觀眾的道德標準與生活態度。日治時期，臺灣傳統的戲劇活動得以延續，在民眾生活中佔重要地位，除配合節令祭典，娛樂民眾，也是維持漢文化活動，及凝聚社群關係的主要媒介〔註98〕，歷代英雄傳奇、才子佳人故事，至今猶然深入民心。

1. 奪棍

為李三娘阻止劉智遠去瓜園之故事，劉智遠在他大哥家中飲酒，有家童報道：看瓜園之人卻被盜瓜之人打傷，劉智遠聽此報道，便誇下大口：「我今晚前去瓜園看瓜」。他的大哥怕三娘知道，希望劉智遠要去看瓜之事不可對三娘說，劉智遠飲酒大醉後，忘記大哥的叮嚀，回家對李三娘說今晚看瓜之事，李三娘說瓜園之事，她爹娘在世時每年有祭拜，自爹娘別世後，瓜園無人祭拜瓜精，瓜精出現傷人，不許劉智遠去看瓜，而劉智遠所用之兵械是棍，李三娘奪夫之兵械，避免夫君涉險，所以此齣戲名為奪棍。奪棍，劇中演出人物為「小生」劉智遠，「小旦」李三娘奪棍不願夫婿冒險，可見李三娘護夫心切，彰顯夫妻恩義。

2. 送京娘

送京娘又名「送妹」，描寫趙匡胤尚未成為皇帝前，在雷神洞與趙京娘結拜，之後送京娘還鄉，京娘愛慕趙匡胤，一路上不斷挑逗引誘，欲與趙匡

〔註97〕許梅貞編輯，《老藝師陳添火其人其藝共其事》，頁28。
〔註98〕邱坤良：《日治時期臺灣戲劇之研究》，頁357。

胤成親的劇目。

矛盾禁欲的英雄與勇敢追愛的貞女，剛柔、陰陽、男女對比，成為這個故事當中最重要的兩個元素，不斷地對話、衝突、抗衡，最終的結果卻是遺憾，京娘幽微百轉的少女心事，突破傳統勇氣可嘉，魏晉時期，民風開放，女子投果，時有所聞，五代十國又是個紛亂的時代，趙京娘在歸鄉之路，春風千里，最終卻變成「此情此景添惶恐」，「蒲草韌如絲、磐石無轉移」，落花有意，流水無情，一片芳心千萬緒，任他江水向東流。

3. 紫花宮

紫花宮又名「回家」，薛仁貴天生神力，柳員外女兒金花心生愛慕。薛仁貴於柳家幫忙雜務，柳金花贈袍保暖，不料惹來父親誤會。柳金花離家對薛仁貴盡訴衷情，二人遂結成美眷。婚後薛仁貴投軍十三年，救駕立功，受奉還鄉，卻不識自己離家後妻子所生的兒子丁山而誤傷之，回到家中，夫婦也因久別而不相識，薛仁貴以言語試探其妻忠貞，終於團圓。

封建社會男人三妻四妾，女人持家相夫教子是屬倫常，柳金花獨力扶養孩子並盼夫歸，造化捉弄夫妻相見不相識，並遭三戲，情何以堪，然社會的認定為夫守貞理所當然，苦盡甘來也符合社會期待，薛仁貴的故事因此在民間廣為流傳。

（五）北管子弟戲的社團與風雲人物

1. 北管子弟戲的社團

（1）聚樂社

聚樂社屬於福祿派，每年的迎媽祖、放水燈、請斗燈三大慶典一定出團演奏。〔註99〕據基隆北管藝師游西津表示：「聚樂社與得意堂在百年前原是同一家，因一些細故交惡，衝突、械鬥、到劃分勢力範圍，對立抗爭」〔註100〕，現在身為聚樂社第四代子弟游西津感慨北管子弟戲後繼無人，「老兵不死，只是凋零」，充滿無奈與悲涼。

（2）得意堂

得意堂是基隆昔日最大之西皮派北管子弟戲社團，得意堂的組織龐大，在日據時代已分有數十組，以廟口奠濟宮內之第十組為「大公」，是最大組。

〔註99〕黃素貞主編，《鑼鼓喧天‧話北管‧亂彈傳奇》，頁52。
〔註100〕黃素貞主編，《鑼鼓喧天‧話北管‧亂彈傳奇》，頁52。

凡地方上重要的節慶活動都會參與，尤其媽祖神誕、農曆七月十五日之中元祭、田都元帥生日、開漳聖王神誕，都會出陣遊街以示敬重與祝賀。〔註101〕

（3）靈義郡

靈義郡前名興義軒，因有意避免當時的北管子弟團派別鬥爭，遂改名號為靈義郡，其含意為知音同志的結合，屬福祿派，置會館於暖暖街安德宮（媽祖宮）左側，開館初期，延唐山渡臺人士周萬居、陳心源、陳福、盧明……等老前輩以口述方式傳習北管唱腔、練身段及樂器演奏，後來又聘專人教武技、踩高蹺〔註102〕，曲藝多元化，演員粉墨登場，喜慶排場，熱鬧盛況，曾經風靡基隆。

以上三大社團創建的時間皆逾百年，曾經代表著基隆精神，是基隆的驕傲，近年來，受到社會變遷的影響，傳統音樂的人口與子弟戲演員，也正日漸流失。

2. 基隆北管子弟戲的風雲人物

（1）陳添火

能扮演旦角，唱腔音色極佳，而後場文武樂器，件件皆精，曾受聘於外瑞芳瑞樂社、內瑞芳瑞義社、四腳亭永樂社，均為開館教席，暖暖靈義郡常駐指導藝師等凡卅餘年，為北管界之巨人。

（2）黃澄雄

早年學習歌仔戲及亂彈戲曲，能表演、排戲，擅長戲班管理、服裝整備，曾協助靈義郡多場子弟戲公演，為戲劇界之專才。

（3）周勉

十八歲加入靈義郡北管女子弟戲團，為北管藝界全能大師陳石養氏門下得意高才生，能扮演旦角、青衣。反串老生、出演二郎神（楊戩）後一鳴驚人，名噪遐邇，大顯異彩〔註103〕，為北管界之英才。

（六）子弟戲的黃昏

回顧北管滄桑史，王金鳳表示：

在光復初期亂彈最興盛，戲團幾乎每天都有演出。經常演完夜戲之

〔註101〕黃素貞主編，《鑼鼓喧天·話北管·亂彈傳奇》，頁54～56。

〔註102〕黃素貞主編，《鑼鼓喧天·話北管·亂彈傳奇》，頁56。

〔註103〕以上三位風雲人物資料引自：黃素貞主編，《鑼鼓喧天·話北管·亂彈傳奇》，頁64。

後，卻是「做戲的要煞，看戲的不煞」，還得加演「暝尾仔戲」，一
直演到天亮，觀眾才肯罷休。〔註104〕

這表示民眾對子弟戲愛痴近瘋狂程度，子弟戲風光，也代表著演員收入佳，
一般民間劇團並無固定薪水，因此戲劇諺語有「鑼鼓陳腹肚緊（ㄢˇ）鑼鼓
煞腹肚顫」，意謂有演出鑼鼓聲響起才能溫飽，否則就得挨餓，因收入不穩，
便有斷炊的窘境；況且亂彈戲曲使用「官話」，既非閩南語也非北京話，觀眾
無法瞭解唱詞內容，語言的障礙使觀眾無法欣賞亂彈戲曲，一般觀眾聆聽亂
彈有如「鴨子聽雷」。〔註105〕過去北管與傳統生活結合的太過緊密，以至於
當社會發生急遽變遷時，北管與大眾生活的關聯也就因此斷離，幾乎與人們
的日常生活完全脫節〔註106〕，況年簫月笛萬世弦，曲藝學成不易，從而陷入
難以為繼的困境。

北管子弟戲曲是早期臺灣民間最盛行的傳統戲劇，臺灣光復初期，約有
一千多個業餘子弟社團在各地方活動，而隨著社會型態變遷，已逐漸式微，
甚至瀕臨失傳的危機。民俗戲劇專家林茂賢表示：「現今臺灣所有的業餘北管
組織社團中，真正有能力傳承公演子弟戲者，屈指不出五。」〔註107〕此言正
說明演員面臨凋零、斷層；目前有積極作為者：一為慈雲寺管理委員會出資
翻拍游西津珍藏十數冊劇本曲牌之手抄本，提供各界研究運用，另基隆市政
府為保存傳承本土藝術「北管戲曲」，由暖暖靈義郡承辦招募，以培訓北管戲
曲子弟，傳承北管曲藝，全力推展傳承計畫。

（七）北管子弟戲、械鬥、陣頭與中元祭

臺灣諺語「唐山過臺灣，心肝結歸丸」、「唐山過臺灣，目屎若飯丸」、
「十去，六死，三留，一回頭」……等，即是說明先民在跨越黑水溝之際，
充滿危機和苦難，又在拓墾過程中，必須克服惡劣環境，其間難免會發生糾
紛或意外，甚至械鬥傷忙，當時這些先民不幸的遭遇，實在很冤枉，出身未
捷身先死，故稱「埋冤」〔註108〕，「埋冤」普遍在臺灣各地發生，基隆也不
例外，為安撫逝者，於是各地有萬善祠、有應公廟……。

〔註104〕黃素貞主編，《鑼鼓喧天‧話北管‧亂彈傳奇》，頁80。
〔註105〕黃素貞主編，《鑼鼓喧天‧話北管‧亂彈傳奇》，頁81。
〔註106〕許梅貞編輯，《老藝師陳添火其人其藝共其事》，頁3。
〔註107〕黃素貞主編，《鑼鼓喧天‧話北管‧亂彈傳奇》，頁63。
〔註108〕埋冤閩南語發音為臺灣，臺灣一詞由來之一。

1. 雞籠中元普渡的緣起

民間習俗活動是民間生命的表徵，雞籠中元祭歷史悠久，走過歲月的滄桑，經過血淚的包容與寬容，在雞籠中元祭中可看出基隆開發的端倪，自咸豐 5 年（1855），雞籠中元祭開始舉辦，至今已有一百六十餘年，超渡、普施孤魂幽靈，人道關懷，不曾間斷。

普渡為佈施陰間孤魂餓鬼之祭典，又謂之盆祭或盂蘭盆祭等，盂蘭譯作倒懸，指孤魂餓鬼的痛苦，如同人被倒懸，痛苦之極。盂蘭盆即為救倒懸之苦，隨著目蓮救母〔註109〕的故事在民間廣為流傳，人民普遍接受對孤魂餓鬼之普渡。

> 葉碧（1941～）　〈乙酉雞籠中元祭〉
>
> 乙酉雞籠古俗沿，蘭盆法會禮尤虔，誦經拜佛祈安泰，超渡招魂解倒懸；祭品琳瑯相競鮮，花燈美奐互爭妍，敬神荐鬼唯心意，簡約莊嚴德業圓。〔註110〕

有關雞籠中元祭的起源眾說紛紜，多數學者專家認為與械鬥有關。

（1）簡萬火《基隆誌》曰：

> 當先，率漳人至魴頂，與泉（安溪人）擊鬥，雙方死傷甚多，血流溪澗，如此慘事，至咸豐十年九月十五日，計有發生三次，誠民族未曾有之慘事也，如現在蚵殼港舊隧道口之義民廟，乃安葬是等犧牲者百零八名之骨骸也。〔註111〕

（2）洪連成《滄海桑田話基隆》

> 咸豐元年（1851）八月，漳、泉人士在魴頂之械鬥最烈，因而死者一百零八人，誠為基隆開發史中之慘事。漳、泉相仇，糾紛常起，識者之士相約出面呼籲收集遺骸，慰安亡靈，建老大公廟（即義民祠）於舊主普壇後面，此後日人為紀念大正登基，建高砂公園，再將老大公廟遷於安樂區石山，即今之嘉仁里。並諄諄善誘，以普度賽會以代血鬥，即賽陣頭之重大民俗改革。今則畛域盡泯，民情歡

〔註109〕王旭，《鬼節超度與勸善目連》（臺北：國家出版社，2010 年），頁 73～74。

〔註110〕陳祖舜，《民國九十四年臺灣東北六縣市擴大全國詩人聯吟大會專輯》，頁 61 至 73，轉引自陳青松，《基隆古典文學史》，頁 369。葉碧，曾任教職數十載，基隆詩學會理事。

〔註111〕簡萬火，《基隆誌》（基隆：基隆圖書出版協會，1931 年），頁 6～7。簡萬火，基隆《臺灣新聞報》記者，在昭和 6 年（1931）出版《基隆誌》。

洽。〔註112〕

綜觀上述與《臺北廳誌》、民俗臺灣〈械鬥その他〉〔註113〕之記載類似，皆謂雞籠中元祭源自漳泉械鬥，唯獨吳姓宗親會在其族譜報告中提及雞籠中元祭的緣起，謂起於「抵抗基隆山上的匪徒」而犧牲者，柯蔡姓宗親會則謂始於鼠疫（黑死病），較為特殊的說法。然民間與官方多傾向雞籠中元祭之由來為漳泉械鬥之故。當時為化解漳泉械鬥，地方人士無不費盡心力，謀求解決之道，而鄭用錫（泉州人）除親赴泉莊，勸止械鬥，並寫〈勸和論〉。

> 甚矣，人心之變也，自分類始……一體同仁，斯內患不生、外禍不
> 至。漳、泉、閩、粵之氣習，默消於無形。譬如人身血脈節節相通，
> 自無他病；數年以後仍成樂土，豈不休哉！〔註114〕

「人心之變也，自分類始」一針見血指出械鬥始於分類，漳泉閩粵地域之分，商郊之分，人有私心，一經分化後便選擇支持利己一方，形成民眾之間有水與地之爭，商人之間有利益之爭，於是為避免仇隙械鬥再起，宜「一體同仁，斯內患不生」，民胞物與，鄭用錫之〈勸和論〉的確是真知灼見；總之，咸豐元年（1851）基隆地區的漳泉械鬥，兩邊各以獅球嶺為界，互不往來，俗語所謂「尪公無過嶺」，不但居民拒絕往來，就連神明也不相往來；而「土虱好食，無遐濟死人頭通揹」，這句諺語，意為「土虱魚好吃，就沒死人頭那麼多」，更說明當年因漳泉械鬥而犧牲者眾，石硬港（今之南榮河）頭顱充斥，成為土虱藏身之處，由此可證械鬥之慘烈。

　　基隆有識之士為避免械鬥悲劇再起，乃約請雙方同意建立老大公墓（今之老大公廟），奉祀亡靈；呼籲以普度賽會代替械鬥，由宗親會輪流主普，藉由血緣的關係，化解因地域隔閡所造成的械鬥陋習，此乃雞籠中元祭之由來。1984 年藉以「端正禮俗，改善民俗風氣，發展觀光事業」，遂定名為「雞籠中元祭」，2008 年 1 月 29 日由行政院文化建設委員會指定為「國家文化資產」之國定重要民俗。

　　「雞籠中元祭」自清末即以「金雞貂石」四堡為範圍，基隆蔣孟樑為雞籠中元祭題詩為志。

〔註112〕洪連成，《滄海桑田話基隆》（基隆：基隆市立文化中心，1993 年），頁 108。
〔註113〕牛牽子，〈械鬥その他〉，《民俗臺灣》第 4 卷 6 號（1944 年 6 月），頁 46。
〔註114〕鄭用錫，《北郭園詩抄》（臺北：《臺灣文獻叢刊》第 202 種，1964 年），頁 83。

蔣孟樑（1936～）　〈雞籠中元祭〉

海門勝景著瀛東，乙酉中元祭典隆，旗鼓燈花開陣勢，金雞貂石續
民風，蘭盆盛會孤魂拔，騷客題詩藻思雄，水岸名都城不夜，高僧
超渡法無窮。〔註115〕

除漳泉械鬥外又有西福械鬥，因為西皮與福祿兩派人馬長期明爭暗鬥，每有
紛爭，往往後果慘重，最後，地方士紳倡議兩派在中元祭迎斗燈，用「拚陣頭
代替打破頭」，更要有「交陣」禮讓的風度，終於成功弭平爭端。自此，每年
「雞籠中元祭」兩派人馬精銳盡出，通宵達旦，無不使出全力。

雞籠中元祭的形成是血淚堆積而來，歷史造成羅漢腳「無某無猴」，一人
飽全家飽，在無家庭負擔下又無女性溫柔慰撫，以致羅漢腳血氣方剛，動則
得咎，以武力解決問題，社會充滿不安的氛圍，時有區域性械鬥產生，沈葆
楨廢渡臺禁令，有助於改善這股暴戾之氣。北管福祿派以「社」為團名，西皮
派則以「堂」為名，雙方壁壘分明，並曾引起大規模的械鬥，隨著北管的沒
落，這種對抗情形才逐漸消失。

2. 雞籠中元祭的特色

臺灣地區的中元祭，大多以傳統慶祝地官大帝聖誕大赦天下〔註116〕為主
旨，並與歷史事件結合，雞籠中元祭將唐山過臺灣、漳泉械鬥、抵禦外侮、瘟
疫、意外等，先民拓墾過程中的苦難完整連結，將上述死於非命者，不分國
籍，皆納入祭祀的對象，黃漢英有詩云：

黃漢英（1917～）　〈辛未雞籠中元祭〉

中元禮讚鬧雞籠，普渡孤魂萬戶同，饗饗八方馳雨港，滿城賓主醉
矇矓。〔註117〕

荷蘭人、西班牙人、日本人、法國人，曾經傷害過臺灣人，然人既已死，就不
再追究，死者為大，生者給予同情，尊重其已經無法再續這份緣，致上尊重，
這是出自道德的理念，往者已矣，入土為安。

〔註115〕邱天來，《基隆詩學發展史》，頁165。

〔註116〕道教經典《修行記》云：「七月中元日，地官下降，定人間善惡，道士於是
日夜誦經，餓鬼囚徒亦得解脫。」引自宋龍飛〈慶中元，讚普度：盂蘭盆會
報親恩〉，《藝術家》第64期（1980年9月），頁91。

〔註117〕易達中主編，《雙春詩集》第二輯（基隆：雙春吟社，1996年），頁182。黃
漢英，基隆銘傳國中文書組長退休，雙春吟社第四任社長，著有《紅淡山房
集》、《漢英詩書畫集》。

（1）凶狠械鬥國際戰場

中元祭，源自中原，行之已久，全臺各地皆於農曆七月進行，先民唐山過臺灣勇渡黑水溝，咸豐年間基隆漳泉械鬥之風瀰漫，簡萬火《基隆誌》〔註118〕與《台北廳誌》皆說：「極盡殺傷焚燎之能事」。

> 咸豐三年枋橋の漳人、泉人と激鬥を開き、其餘波臺北附近の各堡より、遠く基隆方面に及び、殺傷焚燎其極に達し、餘焰尚ほ收まらざ　るに、同九年復た兩族劇爭を起し、擺接堡各庄は悉く兵燹に罹り、大加蚋芝蘭の各堡亦甚だ混亂を極あにり。〔註119〕

械鬥傷亡慘烈，為超度往生者與避免爭鬥再起，才有由宗親會輪流主普，以血緣化解地緣的衝突，方能阻止時代悲劇的發生。

陳祖舜（1922～）　〈乙酉雞籠中元祭〉

> 秋開法會紀蘭盆，文獻堪稽晉俗存，騷客騷壇崇上達，雞籠雞歲祭中元；西荷侵略前朝抗，道釋誦經真締尊，苦解倒懸登淨境，江城四堡渡孤魂。〔註120〕

又明末西班牙、荷蘭人入侵基隆，後有法軍、日軍入侵，形成國際戰場，構成基隆地區特殊的歷史背景；倘無這些歷史背景，則雞籠中元祭將與他地無異〔註121〕，易言之，基隆經歷過的苦難比他處多，人文故事多，適以顯示雞籠中元祭特殊之處。

（2）由宗親會輪流主普

字姓宗親會輪流主普，有別於其他地方的角頭與行業普度。事關面子問題，凡主事者皆出錢出力，只因輸人不輸陣。

魏仁德（1937～）　〈中元燈〉

> 蘭盆盛會鬻江登，滿市高懸普渡燈，輝映孤魂能解脫，光昭滯魄可超升；值年按姓輪爐主，建醮祈安聘寺僧，水陸道場方薦罷，放流萬盞逐波騰。〔註122〕

〔註118〕簡萬火，《基隆誌》（臺北：成文出版社，1958年），頁145。
〔註119〕臺北廳御編纂，《臺北廳誌》（臺北：株式會社臺灣日日新報社，1919年），頁108～109。
〔註120〕陳祖舜主編，《民國九十四年臺灣東北六縣市擴大全國詩人聯吟大會專輯》，頁61～73。引自陳青松，《基隆古典文學史》，頁370。
〔註121〕曾子良，《悲天憫人的雞籠中元祭》，頁122。
〔註122〕王前主編，《海門擊缽吟集》第3集（基隆詩學研究會，1997年），頁75。

雞籠中元祭活動行之經年，實依恃當地十五個主普單位、涉及二十四個宗親會（含四十餘個不同姓氏）的輪流負責，是雞籠中元祭之另一特色〔註123〕，因為同姓血緣取代區域的隔閡，由不理性的械鬥轉換成競技的理性和諧，這是人性智慧的一大突破。

（3）盛典規模獨步全臺

A. 儀式循古禮

簡萬火對中元祭所見云：

> 係燃放河燈之熱鬧，當夜景像燈光點點，燭火焰焰，輝紅遍市，有
> 如白晝，且加以陣頭團體，樂隊人群，頗呈一時之盛況，二十六日
> 乃普施孤魂之時，其盛典特占全島之第一也。〔註124〕

夜晚是往生者活動的時間，陣頭團體，樂隊人群，燈火通明如白晝，誠心真意普施孤魂，基隆形成不夜城。雞籠中元祭具備完整祭儀，佛道兼容，從老大公廟開龕門的簽名取鑰匙、慶安宮請神的「發表」、邀請各宗親會負責人協辦的「送燈獻敬」、邀請陸上與海上好兄弟的「立燈篙」、「放水燈」及普度時的淨壇、跳鐘道，甚至是慶安宮媽祖前的交接手爐等〔註125〕，每個儀式盡遵古禮，備極用心。

陳祖榮（1926～）　〈雞籠中元祭〉

> 雞籠好，萬眾讚中元；藝閣嬌娃飄綵綬，經壇爐主樹高幡，入夜水
> 燈繁。〔註126〕

至於迎斗燈，遊行時西皮福祿隊伍相互禮讓、交接手爐，則是基隆獨有的活動。〔註127〕這些民俗活動，由昔時惡性競爭，至今轉變為保留傳統藝術與文化，經過歷史的洗禮，是很正面的祭典。

B. 文物保存完整

宗教儀式必具備祭祀文物，迎斗燈遊行必經的四大廟：慶安宮、奠濟宮、

　　　　魏仁德，曾任基隆詩學會第3～4屆理事長。
〔註123〕曾子良，《悲天憫人的雞籠中元祭》，頁123。
〔註124〕簡萬火，《基隆誌》，頁145。
〔註125〕基隆市郭氏宗親會編撰，《2008 雞籠中元祭》（基隆：基隆市郭氏宗親會，2008年），頁16。
〔註126〕雙春吟社，《雙春詩詞選集》第三輯（基隆：雙春吟社，2001年），頁130。陳祖榮，曾任基隆教育局長，臺中省立圖書館長，雨港一大詞家，著《楚雲吟草》。
〔註127〕曾子良，《悲天憫人的雞籠中元祭》，頁124。

城隍廟與覺修宮（即老爺廟），皆香火鼎盛，各姓氏宗親會的斗燈雕刻精美，歷史久遠，頗具藝術價值。另安德宮靈義郡珍藏「興義軒」彩旗，彌足珍貴，尤其藝雕鼓架，獲譽為臺灣北管界之稀寶。

（4）人道主義面面俱到

A. 祭品祭器設想周到

　　許美滿（1955～）　〈乙酉雞籠中元祭〉

　　乙酉盂蘭勝會隆，初秋普渡鬧雞籠，水燈引路中元節，道士招魂大愛風；祭典宏開城不夜，人潮猛湧興無窮，蔡柯主導心經誦，尚饗冥饌俎豆豐。〔註128〕

基隆普度時特有之三連桌、五連桌，則依歷史背景與受祭對象將祭品內容區分為葷、素、洋食；依位階區分桌次；甚至連不能上桌共食的難產婦女亡魂，桌下有特製的雞酒可以享用〔註129〕，充分表現出雞籠中元祭的思維細膩，人飢己飢人溺己溺的神聖意義。

B. 開關龕門慈悲為懷

　　一般在農曆七月三十日（小月為二十九日）關龕門，基隆於八月一日下午六時關龕門，又以「開、關龕門」稱之，亦是基隆的特色，是對神格化老大公亡魂們的敬意，神鬼皆有尊嚴，如此敬重好兄弟，有別於他處僅謂之為「開、關鬼門」，又以同理心，深怕亡魂因事耽擱，無法在預定時間回陰曹地府，基隆特延一日，多一份善意，較富人情味。

　　黃漢英　〈己卯雞籠中元祭〉

　　中元慶讚日，盛會蘭盆時，萬戶葷齋祭，千家果酒厄。

　　法師施禮佛，信士獻慈悲，街道人潮擁，花車眾信隨。〔註130〕

惻隱之心人皆有之，善男信女恭奉的葷齋果酒，法師超渡亡魂，充分顯示慈悲為懷的胸襟。

（5）爭奇鬥巧全台第一

　　簡萬火說：「選股實十一姓即張、吳、劉、陳、謝、林、江、鄭、何、賴、許等，四堡民金雞貂石等，合辦主普，每姓得輪一年，逐年設壇行列，其爭奇

〔註128〕陳青松，《基隆古典文學史》，頁369。許美滿，基隆詩學會候補理事、監事。
〔註129〕曾子良，《悲天憫人的雞籠中元祭》，頁125。
〔註130〕曾子良，《基隆市文學類資源調查成果報告書》，頁429。

鬭巧,勝甲全臺。」〔註131〕宗親會辦理的祭典須遵循傳統,但在不願「輸陣
歹看面」的情形下,因此每年祭典渾身解數都具特色,如2006年李姓宗親會
的〈唐山過臺灣〉,2007年黃姓宗親會的〈陰陽兩普〉,2008年郭姓宗親會的
〈傳承大道〉;而文化局辦理的藝文華會也年年推陳出新,豐富而多元,以2006
年的藝文華會為例,〈2006雞籠中元祭～福入基隆F.R.U.L〉,F即Filial(孝),
R即Respect(敬),U.L即Universal Love(博愛),F有福的諧音,以孝、敬、
博愛為〈福入基隆〉的藝文華會主題,兼具傳統文化與道德,頗富文創巧思。

周水旺(1914～1997) 〈中元燈〉

瓜月銀紅燦百層,鱟江交映火傳承,法壇輝處招陰魄,冥界開時放
水燈。照徹閻浮看普渡,探明心性盡超昇,煌煌萬盞真如海,共讚
中元國運興。〔註132〕

每年雞籠中元祭隆重盛大,所花的人力物力不貲,但基於特殊的歷史與傳承
意義,四方鬼神庇佑國運昌隆,發展國際觀光財運也到,多數人樂觀其成。
但也有人對雞籠中元祭列為國際鬼節,頗不以為然,裝神弄鬼勞師動眾,炫
耀宗氏,此風不可長,亦另有人認為大肆鋪張,雖有助觀光但仍應節約。

易中達(1914～2006) 〈雞籠中元祭〉

慶讚中元漢族風,慎終追遠古今同,設壇禱拜思先輩,化紙焚香敬
祖公;盂蘭盆會孤魂祭,鼓樂遊行炫氏隆,扮鬼裝神國際節,荒唐
市府導民窮。〔註133〕

高阿媚(1917～) 〈讚中元〉

鱟港中元健主題,觀光帶動譽高提。人潮洶湧情如沸,車陣綿延眼
欲迷。美俗盛傳隆俎豆,遊魂普渡為靈犀。力行節約誠為重,祝福
隨燈指極西。〔註134〕

總之,雞籠中元祭對於文化與教育有重大意義,一則闡揚孝道,一則培育慈善

〔註131〕簡萬火,《基隆誌》(臺北:成文出版社,1958年),頁145。
〔註132〕陳兆康、王前,《雨港古今詩選》(基隆:基隆市立文化中心,1998年),頁
　　　　126。周水旺,基隆七堵區人士,服務於基隆港務局,生平以吟詠為樂,尤
　　　　好書法,基隆詩學會會員。
〔註133〕曾子良,《基隆市文學類資源調查成果報告書》,頁266。易中達,早歲軍旅,
　　　　官拜少將,後為第3任雙春吟社社長,湖北安陸,定居基隆逾40載。
〔註134〕陳兆康、王前,《雨港古今詩選》,頁147。高阿媚,世居基隆,經修詩詞,
　　　　善書法,基隆詩學會會員。

之心，發揚樂善好施的義舉，並擴為大愛，普渡活動時藝術精銳使力演出，保留傳統文化，又以和平競爭的方式代替暴力械鬥，有族群融合的時代意義；臺灣人相信，人死後會變成鬼魂，悠遊於天地之間，中元普度祭拜的孤魂野鬼，讓牠們也能感受到人世間的熱忱，是中國傳統倫理思想「博愛」的延伸，而結合目蓮救母的故事，亦有助於孝道的宣揚，又對孤魂野鬼皆普渡之，不能上桌共食的難產婦女亡魂，亦為之準備雞酒，置於桌下，外國鬼魂備有洋食祭品，農曆八月一日才關龕門，這全是由慈悲的角度視之，富悲天憫人的胸懷，大愛人間，也普獲百姓共識，至於是否浪費導致拖垮市民經濟，則是見仁見智問題。

二、歌仔冊

　　歌謠反映出民族共同的感情與歷史記憶，大眾的情感是真摯的，想像力是奔放的，歌謠經文字化後，更能顯示大眾文化的藝術之美，文人對各地風俗文物的描寫有時是用七言絕句方式表現，這種吟詠的詩作，即俗稱的「竹枝詞」。〔註 135〕日治時期梁啟超應臺中名紳林獻堂之邀來臺訪問，在寓居基隆期間，就曾將聽聞到的歌謠改寫成臺灣竹枝詞，茲舉隅於下：

　　　　郎家住在三重浦，妾家住在白石湖，
　　　　路頭相望無幾步，郎試回頭見妾無？
　　　　韭菜開花心一枝，花正黃時葉正肥，
　　　　願郎摘花連葉摘，到死心頭不肯離。
　　　　綠陰陰處打檳榔，蘸得蔞醬待勸郎，
　　　　願郎到口莫嫌澀，個中甘苦郎細嘗。〔註 136〕

梁啟超摘錄的歌謠有的是用原文，「三重浦、路頭、檳榔」閩南語音以漢字表達，有的則稍作改寫，讀來順暢，頗有歌謠的神韻；日治時期新文學運動中，文學工作者大力提倡民間文學、鄉土文學之際，清代臺灣的竹枝詞作品雖係文士的吟詠之作，因其深具地方特色，反映風土人情〔註 137〕，理當視為臺灣鄉土文學，另〈日本領臺前後在臺北附近風行的歌謠〉一文中，臺灣改隸日本前後有兩首地方俗歌。第一首：

　　　　基隆嶺頂做煙墩，滬尾港口騰破船，

〔註135〕楊麗祝，《歌謠與生活》（臺北縣：稻香出版社，2000 年），頁 57。
〔註136〕連橫，《臺灣詩鈔》（臺北：臺灣銀行經濟研究室，臺灣省文獻委員會，1997
　　　　年），頁 255〜257。
〔註137〕楊麗祝，《歌謠與生活》，頁 57。

番仔相刣唔不恐，著殺番頭來賞銀。

作者指出番仔即是日本人，歌詞展現臺日敵對時，臺人不懼外敵，甚至「首功制」提日本人的頭領賞，至於第二首歌謠：

> 去年五月十三迎城隍，今年五月十三搶軍裝，可惡撫臺一時走去死，
> 害唔百姓反亂豎白旗，是儂皇帝太不謹，放伊東洋來做王，東洋做
> 王昧時哉，下交劉義拍起來，劉義東洋來相對，害唔淡水做戰場，
> 東洋不比紅毛番，驚伊將來變那佮，總著離開心隻安。〔註138〕

光緒 20 年（1894）農曆 5 月 13 日慶典的歡樂氣氛與光緒 21 年（1895）臺灣割日時人心惶惶的情景相較，突顯時局變動，大官員不知跑到那去死，皇帝又無能，可憐老百姓手無寸鐵，只好投降，顯示人民的無奈與悲哀。歌謠中的農曆 5 月 13 日，為臺北大稻埕霞海城隍的誕辰，是日神明繞境，陣頭隨行，民眾爭相目睹，人手一炷香，恭拜城隍爺，廟會的盛況，熱鬧異常，聞名全臺，由臺灣俗諺中的「五月十三人看人」、「五月十三瘋城隍」，百姓對宗教的熱誠，可見一斑。「今年五月十三搶軍裝」，中樞無人藩庫被搶，臺北城一片混亂，若要安全就離開吧，這是歌謠中庶民對社會反映的現象，日軍從澳底登陸，官兵一路從澳底、基隆敗陣下來，地方官員早就逃之夭夭，「可惡撫臺一時走去死」，可知當時的庶民心中的憤怒情緒；另有風俗民情的歌句，例如〈土人の念歌〉〔註139〕中的情歌：

> 欽差色經點電火，電火點來較光明，
> 想要娘厝來去尋，也無天星也無月。〔註140〕

其中欽差指的是臺灣首任巡撫劉銘傳，歌句主要是頌揚劉銘傳在臺灣裝置電燈一事。臺灣建省，劉銘傳積極建設臺灣，為自強運動最成功的一省，基隆有劉銘傳路、銘傳國中，台北有銘傳大學，可見劉銘傳的形象已深入人心，只要提及電燈、火車，人們就自然會想到劉欽差，劉欽差可謂臺灣現代化的指標人物，雖然殖民統治時期臺灣現代化的步伐更為快速，這些歌謠仍舊在當代民間流傳。〔註141〕臺北郵政總局、電報，都是劉銘傳的建樹，為教育人才，設西學堂、電報學堂，可謂功在臺灣。

〔註138〕楊麗祝，《歌謠與生活》，頁 71。
〔註139〕〈土人の念歌〉，土人指原住民或指低俗沒受教育的人，念歌，閩南語發音（唱歌），哼哼唱唱小曲。
〔註140〕漢太郎，〈土人の念歌〉，《臺灣文獻》29 卷第 1 期（1978 年 3 月），頁 195。
〔註141〕楊麗祝，《歌謠與生活》，頁 78。

　　民謠是長久以來民眾勞動、各類儀式等場合中，自然傳承下來的歌謠，其具有反映民眾素樸感情及地域性文化的特色，作者多已佚名，或難以考據。〔註142〕而由於這些日治時期閩南語流行歌謠一再重複翻唱，皆稱為「臺灣民謠」，儼然成為社會共同創作的文化成果。〔註143〕早期教育不普及，識字率低，所以口傳歌謠就是庶民文學的特色。

　　戰前閩南語流行歌謠的萌芽和文學發展有密切的關係，日治時期臺灣鄉土論戰是利用「歌仔冊」來達成文盲「聽歌識字」的目的，而這種對聲音的運用，在 1930 年代的臺灣引起一股研究民間文學、俗謠的風潮，同時也掀起「百家爭鳴」的流行歌曲盛況，其中歌仔，頗受民間歡迎。

　　閩南語歌仔冊是珍貴的臺灣語言文化資產，代表臺灣民間文學的瑰寶，歌仔冊，是早期流行說唱「歌仔」的文本，形式上，每七字一句，每四句一個韻律單位，綴聯成為一長篇韻文。韻腳上，句句皆押韻，通常四句相聯為韻；轉聯才能換韻，故「歌仔」又稱四句聯；又由於歌仔冊的形式通常是七言，所以又稱「七字歌仔」。〔註144〕由說唱者彈琴又說又唱講故事，歌仔冊的內容大多是敘述歷史故事，或是勸人向善，以移風易俗的歌詞為主。

　　　此本電影來集成，編歌勸咱眾先生，男女來聽有路用，這本歌詩初
　　　發明，奉勸男女個心性，好呆著從天運命，不通無尊黑白炳，不可
　　　亂做呆心倖……。〔註145〕

這類勸善歌詞在歌仔冊時常可見。日治時期昭和 9 年（1934）基隆發生一件殺妻滅屍慘案，震驚全臺，在封閉社會，藉由歌仔傳播相關訊息。

　　〈基隆七號房慘案歌〉，敘述日人野村迷戀酒女阿雲，謀害其妻千代子，並將屍體肢解，分裝油桶，棄置基隆七號碼頭大海中的故事，據傳是真人真事，後被改編為電影與電視劇。

　　民間傳唱版本主要有二，一為張玉成所編的歌仔冊，主角三人：吉村恒次郎、娶宮氏為妻、小妾屋良靜，最後判決結果處吉村恒次郎死刑，屋良靜

〔註142〕胡萬川，〈從歌謠到流行歌曲：一個文化定位的正名〉，收於氏著，《民間文學的理論與實際》（新竹：國立清華大學出版社，2004 年），頁 145〜167。

〔註143〕黃裕元，《戰後臺語流行歌曲的發展（1945〜1971）》（高雄：高雄市政府文化局，2016 年），頁 120。

〔註144〕姚榮松，〈臺灣閩南語歌仔冊鄉土題材之押韻與用字分析〉，《臺灣學誌》創刊號（2010 年 4 月），頁 145。

〔註145〕曾子良，《基隆市文學類資源調查成果報告書》，頁 32。

十五年懲役。〔註146〕一為張著所編的歌仔冊，主角三人：野村，其妻千代子，酒女阿雲。最後判決結果處野村死刑，阿雲無期徒刑懲役，後者有秋鳳英、黃秋田說唱〔註147〕，此對於不識字，也看不懂報紙，又擠不進法庭看熱鬧的多數臺灣人而言，以口語耳聞方式，瞭解這件殺妻分屍滅屍案的原委，雖然傳唱版本不同，卻是口傳文學之特色，然故事情節大同小異，為小妾殺妻毀屍，最後得到惡報，勸世警世意味濃厚。

> 勸咱大家著學好，只款代誌不可學，親像野村一時錯，性命到者就愛無。〔註148〕

奉勸各位要學好，這樣的事情不可以學，就像野村一時的錯誤，最後生命就要結束，歹路不通走，冥冥中有定數。歌謠是尋常百姓的聲音，因有感於對周遭環境之情而發之於聲；因為它是真實感情的流露，歌詞簡單易懂，都是日常耳聞目見的生活瑣事，用俚語俗話毫不修飾的直接表達；有著濃厚的鄉土氣息，根植於一般大眾心扉。

第三節　大眾文學之類型及特色

以一般大眾為對象，重視娛樂性、易讀性的文學，謂之大眾文學，亦即以基隆為中心，擴及多區域或全國甚至海外，如葉俊麟所作詞之歌謠全國傳唱，玄小佛的小說風迷臺海兩地，此為大眾文學之魅力。

一、流行歌詞

葉俊麟（1921～1998），基隆人，最擅長以歌詞回應時代與地景的描述，所謂地景文學，即以山川地理和風物文化為素材的文學地志，經由作家的文字詮釋。每個時代也都會呈現不同的美學符號和標誌〔註149〕，人與土地的微妙互動，地利人和。葉俊麟於1994年榮獲第6屆金曲獎特別貢獻獎，確立他在閩南語歌謠創作上的歷史定位，是一傑出歌謠作詞家。

〔註146〕詳見《臺南新報》，11845號，（1934年12月28日），八版漢文欄。
〔註147〕曾子良，《基隆市文學類資源調查成果報告書》，頁32。
〔註148〕曾子良，《基隆市文學類資源調查成果報告書》，頁37。
〔註149〕行政院文化建設委員會，《閱讀地景文學現代詩卷》（臺北：聯合文學，2008年），頁11。

（一）早期的閩南語創作歌謠時代背景

在清領初期，民俗樂曲隨墾民引進，並逐漸進行演進與變化，昭和7年（1932）上海默片電影《桃花泣血記》〔註150〕來臺上映時，電影業者推出由臺灣本土人士詹天馬、王雲峰創作的同名主題曲，是為閩南語創作歌謠的開端，遂展開閩南語創作歌曲的流行期。昭和12年（1937）中日戰爭爆發，隨即因皇民化運動，日本政府將流行歌謠曲調改填日語歌詞，成為進行曲，閩南語流行歌謠的創作便遭到壓抑，直到昭和20年（1945）戰爭結束，閩南語流行歌謠的創作才開始復甦。

閩南語創作歌謠由於政府自1948年起開始推行國語運動，以及對方言節目設限等一連串政策，閩南語歌謠被社會視為低俗、沒水準而沒落，唱片公司為節省成本而採用日本曲調，形成閩南語歌謠發展上一個特殊的現象，閩南語歌謠的創作在1970年代時幾近停滯，至1980年代以後的閩南語歌謠方再度開始發展。

葉俊麟填詞，注重時代與環境的變遷，例如〈孤女的願望〉、〈田莊兄哥〉，反映出1960年代的臺灣社會，臺灣經濟起飛，葉俊麟把北漂的遊子心聲，藉由歌詞描寫淋漓盡致；至於情感書寫，堪稱一絕，〈舊情綿綿〉、〈思慕的人〉、〈何時再相會〉、〈可憐的戀花再會吧〉、〈溫泉鄉的吉他〉、〈黯淡的月〉……另有保存民間傳說者，如：〈安童哥買菜〉、〈運河悲喜曲〉、〈雪梅思春〉、〈勸世歌〉……從創作至今，不分地域，仍傳唱不絕。

在寫景的部分，葉俊麟以海洋為故事背景創作的歌謠，內容充滿海洋的韻味，如：〈霧夜燈塔〉、〈淡水暮色〉，以淒冷海風、海鳥叫聲、茫霧、燈塔、港口、船隻，營造孤寂的海邊情境；從1930到1980年代間，閩南語歌曲裡有遠行航路所形成的無限思念，也有離鄉背井的茫然失落，構成流浪、漂泊的悲情印象，如：〈放浪的人生〉〔註151〕；每首閩南語歌謠的歌詞，深具文學性，優美動人的新詩，文藻美麗且詞意高雅〔註152〕，表達的故事與情感，也隨之散布到臺灣各地，故事中的悲歡離合、愛恨情愁，投射到臺灣社會，正因為符合時代的光景，至今仍令人念念不忘。

〔註150〕創作歌謠時期，普遍公認1932年電影《桃花泣血記》的宣傳曲，是閩南語流行歌曲的濫觴。
〔註151〕戴寶村，《臺灣的海洋歷史文化》，頁193。
〔註152〕許梅貞主編，《葉俊麟先生紀念專輯》（基隆：基隆市立文化中心，2001年），頁248。

（二）作品舉隅

1957 年葉俊麟創作〈淡水暮色〉，1959 年由亞洲唱片發行，譜寫淡水的詩情畫意，烏金西墮、月兒初露、夜霧朦朧的幻化景象，淡水迷人景緻也因之榮登臺灣八景之一，為遊客尋幽訪勝的聖地。

1. 葉俊麟〈淡水暮色〉 （1957 年）

> 日頭將要沉落西，水面染五彩，男女老幼塊等待，漁船倒退來，
> 桃色樓窗門半開，琴聲訴悲哀，啊……幽怨的，心情無人知。
>
> 矇矓月色白光線，浮出紗帽山，河流水影色變換，海風陣陣寒，
> 一隻小鳥找無伴，歇在船頭岸，啊……美妙的，啼叫動心肝。
>
> 淡水黃昏帶詩意，夜霧罩四邊，教堂鐘聲心空虛，響對海面去，
> 埔頂燈光真稀微，閃閃像天星啊……難忘的，情景引心悲。

葉俊麟以港口為主題的歌詞作品首推〈淡水暮色〉，這首歌謠先述及日落西山，夜幕低垂，月亮出現在山上，而晚間的霧氣也籠罩四方，半開的桃色窗戶，遠處傳來悲傷的樂曲，見一孤鳥在船頭企盼守候，更顯露出孤寂的氣氛，葉俊麟使用具體的主體與動作表現出孤單的心情，是一首地景好詩。

第一段的「水面染五彩」使人感受到十足的色彩感，「染」字彷彿是大自然傑出的畫家，大筆一揮，五顏六色繽紛呈現，更賦予人想像空間，淡水美景中處處有動態，漁人家屬男男女女在岸邊等待漁人帶著漁獲滿載而歸。遠處桃色樓窗門半開，有人倚門扉偷窺，遙望渡船口熙熙攘攘的畫面，忽有琴聲隱約斷續傳來，音韻含悲，那種幽怨的情緒，無人知曉。

第二段「朦朧月色白光線，浮出紗帽山，河流水影色變換，海風陣陣寒」，兔起烏沉時刻，水光瀲影，水色由亮轉暗更加變幻莫測，月亮的「浮」則與太陽的「沉」互相呼應，「浮」「沉」之際，與春風又「綠」江南岸之「綠」，「秋侵人影瘦，霜染菊花肥。」之「染」，同樣有著漫妙美感，「浮」「沉」使寧靜的夜鮮活起來。一隻離群孤鳥，停歇在船頭，啼叫之聲，雖然動人心弦，卻是天涯孤雛，影射悲涼的自我，月光朦朧，海風之寒，自顧形影，無處話淒涼。

第三段白霧濛濛的夜，顯出自我的茫然無措，教堂大鐘的聲音傳到對岸去，「響」，使夜更靜謐，如「鳥鳴山更幽」，「空山不見人但聞人語響」，語法相同，入夜的街燈黯淡，比喻自己心中的空虛，孤形吊影，心情轉為悲悲戚戚。

　　薄暮昏暗的大海、夜霧燈塔最易觸動多種的情緒，葉俊麟出生於港都基隆，對於港口的感覺較常人更為敏感，歌詞中不同的時間，卻有不同的心情，〈淡水暮色〉中的黃昏情形，容易使人產生懷念之情，即將入夜的變化也是心情轉悲的關鍵。葉俊麟以不同方式描寫概括的人物，在〈淡水暮色〉中，黃昏的港口聚集許多人潮，等待出海的魚船順利歸港，等待的人有親人、有戀人、有友人等，是一種溫馨；基隆港都時有海上生明月、時有煙雨濛濛、時有霧鎖港都、時有秋風夜雨等多種自然樣貌，自古即存在，而將此現象加以活化，歌詞所描繪的景緻迷人，是一首呈現臺灣地景的出色歌謠，淡水小鎮也是個充滿異國風味的地方，「桃色樓窗」、「教堂鐘聲」……在在令人讚嘆此「東方的香格里拉」。

　　〈淡水暮色〉，葉俊麟以三段式呈現及鋪揀意境，動靜唯美，用文字描繪出怡人情境，讓意境和情感隨著音樂律動，十分傳神，不但善遣詞用字，平仄對仗，讀來順口，文學造詣很高，這與他自幼學習漢文：四書五經、經史子集有關，漢學基礎佳有關。

　　葉俊麟 1959 年創作〈舊情綿綿〉，由亞洲唱片發行，以基隆港為背景，書寫失戀人的心情故事，每個人的心裡有著最不可碰觸、最柔軟的地方，都隱藏著不能言說的美麗舊情，每當秋月如霜的夜晚，山風吹亂了窗紙上的松痕，卻吹不散心頭的人影。

2. 葉俊麟〈舊情綿綿〉　（1959 年）

　一言說出就要放乎忘記哩
　舊情綿綿暝日恰想也是妳
　明知妳是楊花水性
　因何偏偏對妳鍾情
　啊……不想妳不想妳不想妳
　怎樣我又攔想起昔日談情的港邊……
　青春夢斷妳我已經是無望
　舊情綿綿心內恰想妳一人
　明知妳是有刺野花
　因何怎樣我不反悔
　啊……不想妳不想妳不想妳
　怎樣我又每晚夢彼日談情的樓窗……

男子立誓甘願看破來避走

舊情綿綿猶原對妳情意厚

明知妳是輕薄無情

因何偏偏為你犧牲

啊……不想妳不想妳不想妳

怎樣那看黃昏到著來想起目屎流……。〔註153〕

〈舊情綿綿〉陳述一段刻骨銘心的愛情，伴隨著「不想你」的思念，雖然表面坦然，心境卻是無比澎湃，把深深戀情，欲語還休的無奈，做最好的詮釋，正如抽刀斷水水更流，「不想你不想你不想你」，重複不想你，卻偏偏又想你，才下眉頭，卻上心頭，剪不斷理還亂，無法忘卻舊情，問情為何物？直叫人生死相許。「明知你是楊花水性……明知你是有刺野花……明知妳是輕薄無情……因何對你鍾情？」情到深處轉為濃，愛到深處無怨尤，為情犧牲不反悔，「青春夢斷，妳我已經是無望」，此情可待成追憶，只是當時已惘然，相恨不如潮有信，相思始覺海非深。舊情綿綿，面對感情得失的詠嘆與無奈，有著婉約的詞意，款款情愫，在虛無與失落中，欲辯已忘言，如泣如訴，令人盪氣迴腸。

愛情是甜美的，戀愛中的人總是滿面春風，相對地，愛情也是痛苦的泉源，〈舊情綿綿〉道盡失偶戀人的心聲，成為失戀人的代言，失戀人總是捶足頓胸，哀傷逾恆，世間所有的快樂變得索然無味，只因一個「愛」字，自古以來不知困惑過多少俊男美女，梁山伯與祝英臺，羅密歐與茱麗葉，孔雀東南飛……在愛情路上捨與不捨，在失與得之間徬徨，在愛與恨之間難以分際，即使最後的決定是分手，卻又是一派心茫茫，不知所措，「怎樣那看黃昏到著來想起目屎流……」，憶往昔，戀戀不捨，在高低起伏不已的旋律中，浮現一股難以排遣的千般遺憾，此恨綿綿無絕期。

早期葉俊麟所著作的閩南語歌謠，以日曲為大宗，亦即將日本歌詞轉換成閩南語歌詞，形成臺日混血歌，於戒嚴時期，日本曲閩南語詞是臺灣歌謠的常態，大部分的流行歌曲都產自這種模式。〔註154〕葉俊麟在翻譯日本歌謠之際，以臺灣為出發點，填寫臺灣島民的生活風貌與心靈脈動，以積極的創作態度，為時代留下完美的紀錄。然〈淡水暮色〉與〈舊情綿綿〉是葉俊麟與洪一峰（作曲與演唱）兩人密切合作創作的閩南語歌謠，並非臺日混血歌。

〔註153〕許梅貞主編，《葉俊麟先生紀念專輯》，頁64。
〔註154〕許梅貞主編，《葉俊麟先生紀念專輯》，頁13。

臺北縣政府特地在淡水漁人碼頭設置「淡水暮色」石碑，以供旅客細細品味淡水的獨特魅力，九份原是一沒落的礦業小鎮，因影片〈悲情城市〉而聞名，基隆靈泉寺因顏雲年曾到此一遊而著名，淡水之美，暮色尤最，淡水美景將因此歌〈淡水暮色〉永遠流傳。〈淡水暮色〉與〈舊情綿綿〉不因時代嬗遞而被淘汰，淡水暮色依然存在，舊情綿綿依然不絕，〈淡水暮色〉寫景，〈舊情綿綿〉寫情，皆是一流之作，葉俊麟實為臺灣一代歌謠作詞家。

二、通俗小說

　　通俗小說乃以一般百姓為對象，緊密貼近讀者，娛樂性質頗高、易讀易懂的小說之總稱。敘述形式則往往趨於模式化，是集體心理在情緒感官上的自娛、自賞與自我發洩，崇仰人性的基本欲求。〔註155〕「讀者」除市井小民外，也含括菁英階層，因此俗文學重流通，在民間流行，流行文物時間並不長，不若雅文學著重永恆。

（一）時代背景

　　臺灣通俗小說的崛起與當代的政治背景有關，於戒嚴時期，文化空間被壓縮，因而創作的題材有限。綜觀自早期的「反紅」、「反黑」、「反黃」，不實際的反共文學充斥社會，為人民所唾棄，浪漫的言情小說趁勢而起，〔註156〕前有瓊瑤後有玄小佛。

　　小說是以娛樂價值和消遣為主要的創作目的，以較為親民的路線及劇情的可預測性，給與讀者安全感和減少焦慮的功效。瓊瑤小說的主題著力於愛情與外在社會力量的衝突，家庭阻撓反對力量蓋過愛情的力量，結局不外乎屈服於禮教或崩潰，使愛情以悲劇收場。瓊瑤小說的暢銷起於1960年代，至1970年代瓊瑤電影式微，觀眾對愛情文藝片中風花雪月的劇情，超脫現實的世界，已乏善可陳，繼之叛逆式愛情的玄小佛崛起。

（二）作品舉隅與特色

　　玄小佛（1951～）基隆人，創作文類以小說為主，文學成就以《小葫蘆》之作，獲金馬獎最佳編劇獎。玄小佛的小說與瓊瑤大異其趣。玄小佛的小說內容多以文藝愛情故事為主，日常生活中的凡人為其書寫對象，內容風格廣

〔註155〕范伯群，〈緒論〉，《中國近現代通俗文學史》上冊（江蘇：教育出版社，2000年），頁26。
〔註156〕范伯群，孔慶東主編，《通俗文學的十五堂課》，頁310。

受當時大眾讀者的歡迎，玄小佛為活躍於臺灣 1970 至 1990 年代的通俗言情小說作家，作品流傳於臺海兩地，其小說筆下人物的愛情婚姻多以悲劇收場，塑造的女性形象多數個性剛烈、積極進取，迥異於瓊瑤小說中女性形象是柔弱的傳統女人，玄小佛的書寫賦予通俗小說中的女性形象，樹立一個特殊的典範。

　　鴛鴦蝴蝶派小說是近代通俗小說中勢力最大，影響力也最顯著，對傳統社會持否定態度，對現代社會卻持合作態度，推崇一夫一妻制，讚美現代愛情，相信法制和勞動致富，欣賞個人奮鬥，不反對勞資關係，生活形式貼近小市民、小家庭、小知識份子。玄小佛 18 歲出版第一本小說《小木屋》後改編拍成《白屋之戀》電影，《白屋之戀》中男女主角身分背景十分特別，要言之，是女大男小、女強男弱、女精男憨等，有別於傳統的男女角色。女主角剛毅堅強突破封建思維，反傳統，愛情大於親情，愛情不分年齡，勇敢的是姊弟戀，這在當時是屬前衛派。女主角程靈是名獨立自主、個性剛烈的女性，男主角鍾應斯對程靈充滿愛慕之意。但因誤會妒恨，終使程靈負氣嫁給不愛的人，而走上情感坎坷之路。

> 一個星期內我沒私下見過鍾應斯，團體的行動下，他不便隨便外出，但我相信，我未守諾去看他。倪珊卻常去，報載他們的關係並不尋常，朱俐俐問他們是否有婚約關係，鍾應斯搖頭否認，倪珊卻用撲朔迷離的交際話回答，……朱俐俐用著醒目的標題寫著：「害羞的籃球選手鍾應斯、美麗的影星倪珊愛情的豔史。」〔註157〕

由深情的愛戀轉變為對情感的盲目，在時下的虹男霓女，這樣的情節，似乎是很常見，尤其是三角戀情，她的作品《落夢》、《沙灘上的月亮》也有類似情節。玄小佛的作品早期大都由漢麟出版社發行，且限於租書店。租書店的讀物雖然是一種「隱形文化」〔註158〕，但對 1970 到 1980 年代的讀者而言，她的名氣卻是十分響亮。作家蘇偉貞說：

> 我呢，掃完嚴沁《煙水寒》、《桑園》，快攻依達《斷弦曲》、《舞衣》、《蒙妮塔日記》，或急吼吼追玄小佛《沙灘上的月亮》、《又是起風時》進度，……惦著這本想那本，被自己擾得魂不守舍，恨不得長

〔註157〕玄小佛：《細雨敲我窗·小木屋》（臺北：南琪出版社，1976 年），頁 157～158。
〔註158〕林芳玫：《解讀瓊瑤的愛情王國》（臺北：臺灣商務，2006 年），頁 114。

出幾對眼睛。……順便打聽：「依達新書來了嗎？有沒有嚴沁或是玄
小佛？」〔註159〕

可見玄小佛廣受出租店歡迎的情況。除此之外，楊照亦認為：

相較之下，「大眾文學」一則承傳的論述約束力很小，「大眾文學」
的寫作者不需要先瞭解從前的人寫過了些什麼才動筆，他們直接關
懷、呼應的是現下社會的價值、集體情緒……。〔註160〕

小說的取材和人物的塑造不離當時的社會背景，誠然通俗小說最能夠反映時
代，是「通曉風俗」，也是與「世俗溝通」的小說，皆有社會價值與功能。玄
小佛小說的特點在於虛幻浪漫的愛情融合現實生活，使愛情的追求不再如童
話一般的純粹夢幻。進入二十一世紀，通俗小說的市場需求空前變大，通俗
小說改編為電視劇、電影屬於聲光影音的大眾文學，玄小佛陸續有 20 餘部小
說被搬上銀幕，玄小佛小說從租書店紅到翻拍電影，實為文學界傳奇。西方
文學的滋養大大促進通俗小說的現代化〔註161〕，通俗小說也更驅通俗，文筆
也驅向雅化，新時代豐富的社會生活和藝術積累，孕育出更加繁榮的通俗小
說景觀。

〔註159〕蘇偉貞，《租書店的女兒》（新北：印刻文學生活雜誌，2010 年），頁 16。
〔註160〕楊照，《文學、社會與歷史想像——戰後文學散論》（臺北：聯合文學，1995
年），頁 32。
〔註161〕范伯群，孔慶東主編，《通俗文學的十五堂課》，頁 311。

第四章 基隆之古典文學

文學發展史的脈絡，歷史分期是重要環節，或用政治朝代區分，如：中國文學史以先秦、漢、隋、唐、宋、元、明、清、民國為歷史分期而形成通史，或用西元年代如：西羅馬滅亡（476）歐洲歷史進入中古時代（黑暗時代），十四世紀文藝復興作為發展史的主幹，臺灣的文學歷史亦如是。臺灣的歷史背景，異族統治、對抗異族、也形成基隆特殊的人文景觀，再加上山環水抱的自然環境，孕育出基隆有異於其他地區的文學風格，本研究因地制宜將基隆文學發展史分為三大部分：清領時期、日治時期、中華民國到臺灣時期，因為統治者不同，行政區的畫分也有不同，然時空物換星移，以基隆為中心的史觀思考分由萌芽紮根、發展茁壯、應變維新等三階段產生的基隆文學，當然隨著時代的改變呈現出多元文化。

第一節　清領時期

三國時期臺灣被稱為夷州，南宋開始有漢人到澎湖開墾，元朝在澎湖設巡檢司；荷西占領臺灣，海盜、貿易不絕，而後明鄭時期大舉至臺灣，雖鄭經建孔廟興科舉積極辦學，但多著重在南臺灣，又因抗清於康熙年間滅亡，直至康熙 23 年（1684）4 月，臺灣正式納入清朝版圖，因防民變，而有渡臺禁令，海禁政策解除後，漢人大量來臺，渡黑水溝到臺灣者多屬開發型的漢人，文人雅士甚少，基隆文學屬荒蕪階段，清朝末葉，英法聯軍之役後，雞籠開港通商，才多了經商型、旅遊型的漢人，至此基隆文學開始靈活起來，可知基隆文學已經萌芽，文學體例以詩為主。

一、時代背景

1. 基隆地區的行政版圖

　　台灣納入清代版圖後，設台灣府，隸福建省，下置台灣、諸羅、鳳山三縣，而雞籠隸屬諸羅縣管轄。台灣自古孤懸海外，復加海上交通風險頻頻，內陸瘴癘之氣盛行，奉命旅台官吏常視為畏途，同治 13 年（1874）牡丹社事件後，日本覬覦臺灣之心顯見，因此光緒元年（1875），清政府因應基隆的地位日漸重要，遂設置台北分府通判，為基隆正式設官統治之始。行政區決定區域史的研究範圍，行政區的取捨以現行的行政區為考量，不宜差距太大，基隆廳轄金雞貂石四堡，堡類似今日的「鄉」，其中三貂堡、石碇堡、金包里堡現隸屬新北市，但此三地與基隆關係緊密，不宜與基隆切割，故將此三地列入基隆區域史的研究範圍內。

　　基隆在康熙、雍正時期未設官治理，顯見是個未開發之地，直至光緒時期方設基隆廳，縣和廳都是最基層的地方行政區域，兩者地位相當，縣是中國傳統的地方行政區劃，廳則設在較偏僻的地方，基隆廳對繁榮的台北府而言是偏鄉，既是偏鄉，文學發展勢必有限。

2. 基隆的開發與基隆文學的流變

　　西班牙、荷蘭皆曾殖民臺灣，唐山過臺灣之移民，亦多為窮苦之民，識字有限，荷蘭招民開墾之地偏向南臺灣，西班牙以基隆為與日貿易據點，迨自德川幕府鎖國，西班牙旋對基隆興趣缺缺，是故西班牙、荷蘭對基隆的開發並不積極。清領時期自雍正禁教，中國鎖國，中西文化交流中斷，位處偏遠之臺灣，被視為不毛之地。清領初期前來基隆者多為朝廷命官，多因公務而來，如林占梅、鄭用錫、劉銘傳因戰事而抵至基隆。直至英法聯軍之役後，臺灣開港通商，務商型文人陸續至基隆，基隆文學開始露出曙光。

　　康熙 35 年（1696），福州城火藥庫發生爆炸，五十餘萬斤硫磺火藥全部焚毀，是時臺灣的雞籠、淡水生產硫磺，於是福州官府決定派員前往臺灣開採硫磺，郁永河於是到雞籠、淡水〔註1〕，郁永河由福州出發，過黑水溝至安平，有詩云：

> 浩蕩孤帆入杳冥，碧空無際漾浮萍。風翻駭浪千山白，水接遙天
> 一線青。回首中原飛野馬，揚舲萬里指晨星。扶搖乍徙非難事，

〔註1〕「臺灣之雞籠、淡水，實產石硫磺，將往採之。」引自許俊雅，《裨海紀遊校釋》（臺北：編譯館，2009 年），頁 51。

　　莫訝莊生語不經。〔註2〕

詩題中的「黑水溝」，指的是臺灣海峽，以風大，浪大，流速大著稱，處處充滿險惡；康熙36年（1697），郁永河由福州來臺採集硫磺，自安平北上至淡水雞籠〔註3〕，並將此經歷著成《裨海紀遊》〔註4〕一書，此書乃為其航渡黑水溝時之紀錄，描述大海孤舟的蒼茫景象，記錄黑水溝風浪翻湧情形，並引《莊子》之典，說明船隻隨著強風，迅速破浪前行的景緻，為清領時期橫渡臺灣海峽的狀況，見證黑水溝之險阻。然郁永河對傳說中的雞籠印象，描述如下：

（1）惡水雞籠

　　時人對雞籠之畏懼，有文曰：

　　　　雞籠山下實近弱水，舟至則沉。或名為萬水朝東。其勢傾瀉，捲入
　　　　地底，滔滔東逝，流而不返。〔註5〕

雞籠山位於臺灣東北角，由於黑潮流速快、流幅寬廣，水面頗不平靜，若配合強勁東北季風，則水域加倍危險。弱水意為險惡難渡的江湖河海，或險而遙遠的河川。入秋後雞籠山下有瘋狗浪橫行，夏秋有颱風侵襲，舟至則沈是有可能。清代在臺灣雞籠山後，有「萬水朝東」傳說，因昔時海船由福建揚帆出洋，藉助黑潮支流北上，但當航至黑水溝（琉球海溝），至臺灣東側遇上強大的黑潮主流，流速高達每小時四浬，而且水深浪高，波濤洶湧，海船如要前往琉球，便要橫渡此陰惡的黑水溝，當年的航海技術仍未能克服這些自然現象〔註6〕，因此臺灣東北部及靠近琉球附近的海域，由於海水朝東流，使得船隻容易被捲迷失方向，甚至於漩入海渦而沉入海底，琉球一帶的海域不吉，於斯可見。於是有與郁永河同行者表示，「若必從舟，則我請辭」

　　　　今自郡治至雞籠，舟依沙瀨間行，遭風無港可泊，險倍大洋，何如

〔註2〕許俊雅，《裨海紀遊校釋》，頁67。
〔註3〕說明：基隆隸屬舊淡水縣。
〔註4〕郁永河於康熙36年（1697）來臺採硫，在臺九個多月。郁永河因這本書而名留歷史，被譽為是臺灣遊記文學的開創者，為三百年前的臺灣留下珍貴的歷史記錄。
〔註5〕許俊雅，《裨海紀遊校釋》，頁173。
〔註6〕黃天，《釣魚島歸屬尋源之一：琉球沖繩交替考》（香港：三聯書店，2014年），頁9。《裨海紀遊》云：『雞籠山下實近弱水，舟至則沉。或名為萬水朝宗。其勢傾瀉，捲入地底，滔滔東逝，流而不返』。陳青松卻不以為然，其視弱水與萬水朝東俱為無稽之談。見《基隆古典文學史》，頁26。

陸行為得乎？君將偕我往；若必從舟，則我請辭。〔註7〕

雞籠海象駭人，險倍大洋，處處充滿兇惡，令人生懼。

（2）妖獸雞籠

郁永河《宇內形勢》將雞籠視為妖獸之區，可見荒蕪之地多妖魔獸，雞籠為一蠻荒之地，引人遐想。

雞籠山下入湍流，奔騰迅駛凡若干日，抵一山，得暫泊。此處有蛇妖噉人，雄黃可解。〔註8〕

（3）瘴癘雞籠

君不聞雞籠、淡水水土之惡乎？人至即病，病輒死。凡隸役聞雞籠、淡水之遣，皆欷歔悲嘆，如使絕域；水師例春秋更戍，以得生還為幸。〔註9〕

客秋朱友龍謀不軌，總戎王公命某弁率百人戍下淡水，纔兩月，無一人還者；下淡水且然，況雞籠、淡水遠惡尤甚者乎！〔註10〕

凡到雞籠者非病即死，生還者少，郁永河無懼，堅持到雞籠淡水，毅力膽識過人。

吾生有命，蒼蒼者主之，水土其如余何！余計之審矣，不可以不往。〔註11〕

郁永河渡海跋山涉水到北投探訪硫磺礦穴，成功而歸。而郁永河《裨海紀遊》乃踏查之作，此書一則可供官府治臺，二則可作遊臺之參考，然西川滿《採硫記》、蔣勳《重尋郁永河的足跡》均依此書改寫創作，可知此書對於臺灣文學之影響。

清領後期，政治腐敗，朝內又有新舊黨爭，清帝國日衰，引發世界列強瓜分中國之危機，基隆礦產豐富，懷璧其罪，是兵家勝負轉戰之地，有文為憑。

劉錦藻〔註12〕（1862～1934）

基隆廳，在臺北府東北七十里，光緒元年，移噶瑪蘭通判駐基隆；

〔註7〕許俊雅，《裨海紀遊校釋》，頁125。
〔註8〕許俊雅，《裨海紀遊校釋》，頁284。
〔註9〕許俊雅，《裨海紀遊校釋》，頁123。
〔註10〕許俊雅，《裨海紀遊校釋》，頁124。
〔註11〕許俊雅，《裨海紀遊校釋》，頁124。
〔註12〕劉錦藻，授五品候補京堂，後累加三品銜，具維新思想，於1890～1892年間抵臺。

十三年，改同知。北緯 25 度 15 分，東經 5 度 12 分。臺灣地形，如鸛首衝波，中外航路所轄。基隆、滬尾，皆番舶出入之港面。基隆背山面海，壁壘高峙，尤險固；臺灣有事，此其必爭之地。〔註13〕

光緒 10 年（1884），法侵越南失利，轉征臺灣，因此劉銘傳到基隆，守護臺灣，又基隆暖暖人王廷理、周印率領當地人民隔基隆河與法軍交戰，驚天地泣鬼神，可由以下詩文領略戰況：

劉銘傳（1836～1896）　〈戰歸〉

聞道行兵計出奇，得教流寇見王師，旌旗影變風雲色，盜賊頭懸生死時，戰罷大刀餘殺氣，令嚴萬馬不驕嘶，三軍氣壯勞無厭，遠役歸來力未疲。〔註14〕

由此可知當時民心兵力激揚，前景大有可為，但由於清政府無能，終失去越南藩屬，令世人發出不平之鳴。

魯陽生（生年不詳）　〈戰基隆〉

基隆一粟耳，浮在海之角，貔貅二十萬，大帥開帷幄，暮夜曳兵行，鐵城突确犖，可憐小吏愚，哭民雙目瞀。〔註15〕

劉銘傳　〈書感〉

自從宦海苦風波，懶向人間喚奈何，名士何妨知己少，英雄原是布衣多，尚憐浮泛無肝膽，不會逢迎受折磨，饑有臭糧寒有帛，蓬茅歸去且高歌。〔註16〕

唐贊袞（清中葉）　〈悲臺灣〉

狂瀾誰障百川東，日下金蛇電掣空，劉帥渾如魏得狗，唐王豈復鄭芝龍，鴻溝恥劃諸番界，鯨浪橫飛半線中，莫笑銅鈴沿舊俗，傷心有淚灑雞籠。〔註17〕

〔註13〕陳青松，《基隆古典文學史》，頁 44。

〔註14〕1884 年因中法戰爭爆發，劉銘傳被清廷派往臺灣督辦臺灣軍務。翌年清廷在臺灣設立行省，劉銘傳擔任首任巡撫，在臺 6 年期間建立許多基礎設施，如興建鐵路、開山撫番、設立電報局等。劉銘傳為一軍事領袖，然亦涉獵詩書，擅行書。詩作現有《大潛山房詩鈔》傳世，曾國藩為《大潛山房詩鈔》作序。本詩引自賴子清，《臺灣詩醇》（自行出版，1935 年），頁 245。

〔註15〕連橫，《臺灣詩乘》（南投：臺灣省文獻會，1975 年），頁 203。

〔註16〕楊青矗，《臺詩三百首》（臺北：敦理出版社，2003 年），頁 402～403。

〔註17〕唐贊袞，字韡之，湖南善化人，1891 年任臺澎道，著有《臺陽集》。見連橫，《臺灣詩乘》，頁 226。

軍民一心奮戰抗敵，最終竟是政府與敵方妥協、讓步，令軍民不知為何而戰，難怪黎民有淚灑基隆，難怪劉銘傳高歌歸去來兮。劉銘傳在臺雖享有盛譽，亦有文人不予苟同。

賴雨若〔註18〕（1878～1941）　〈法蘭西犯臺〉

> 南陲陸戰未停烽，海上旋聞警報重，煙鎖基隆橫艦艇，砲轟淡水伏魚龍，屠他碧眼頭流血，惱我黃人劍試鋒，劉帥無謀兼怕敵，林家鄉勇敢當衝。〔註19〕

劉銘傳風聞法軍移師淡水，劉銘傳亦到淡水防堵法軍，守滬尾保臺北而棄雞籠〔註20〕，基隆防務變空，法軍乘隙入侵基隆，為防法軍從基隆河谷地進攻臺北，有王廷理、周印等募義軍，協守暖暖，林朝棟率軍前來支援〔註21〕，暖暖之役未能讓法軍得逞，因此賴雨若批判劉銘傳無能，讚誇林朝棟勇敢一馬當先，基隆一度失守，將帥本當負責，勿庸疑慮。然為國捐驅真英雄，清法戰爭的死難者宜有安身之處，在市長謝貫一的奔走下，經過幾番波折後，終於功德圓滿。

謝貫一〔註22〕（1901～1967）　〈民族英雄墓誌〉

> 余於中華民國三十八年夏，初理基隆市政，父老言：中法諒山戰後，法將孤拔率艦隊犯基隆，清廷命巡撫劉銘傳督師防禦，對壘於今之海水浴場一帶。嗣法軍三襲淡水，均被擊潰，先後斬馘甚眾，相持八閱月，法軍退走，吾圍乃固。戰後我陣亡將士忠骸，當場叢葬山麓，日人據臺，於此闢馬路，毀墓暴骨，市紳池清洋君等激於愛國熱忱，裒集散骨，聚瘞為一，刊碑曰清國人之墓。吾臺胞敬其壯烈，輒至墓前祭禱，日人甚惡之，拔碑棄他處，蓋使墓地不辨，藉以泯滅臺胞故國之思。…唯規模不宏，不足以發揚先烈成仁取義精神，促起邦人景仰效法。爰再於海水浴場左側，拓地六百五十坪，改建為民族英雄墓，並蒙總統、副總統暨行政院俞院長分別賜題碑文，勒諸員玟，益足彰其忠烈。〔註23〕

〔註18〕賴雨若，號壺仙，嘉義人，與詩友創立「茗香吟社」、「嘉社」，著有《壺仙詩集》。
〔註19〕陳青松，《基隆古典文學史》，頁76。
〔註20〕葉振輝，《劉銘傳傳》（南投：臺灣省文獻委員會，1998年），頁22。
〔註21〕葉振輝，《劉銘傳傳》，頁28。
〔註22〕謝貫一，字國瑛，湖南新化人，基隆市第一任民選市長。
〔註23〕陳其寅，《基隆市志·文物篇》（基隆：基隆市政府文獻委員會，1956年），頁40。

市長謝貫一書寫〈民族英雄墓誌〉，悼念守護基隆的英雄，嘉其義行，英烈千秋，足為後世楷模。

　　劉銘傳在基隆的作為，最重要的是基隆港的建設及鐵路的修築，光緒 15 年（1889）11 月，基隆獅球嶺鐵路隧道竣工（基隆市政府已於 2006 年 6 月正名為「劉銘傳隧道」），劉銘傳在南隧道口上端石壁親題「曠宇天開」，並撰聯乙副：

　　　　五千年生面獨開羽轂飆輪從此康莊通海嶠，
　　　　三百丈岩腰新闢天梯石棧居然人力勝神工。

在北隧道口劉銘傳亦撰有乙副對聯：

　　　　海隅拓宏圖幾經鑿險縋幽功成不日，
　　　　巖疆開重鎮一任揚舲飛輥快比穿雲。

劉銘傳戮力建設臺灣，由此兩副對聯即可知其遠見與魄力，而此聯也是本市第一副「詠史」的對聯，為臺灣與基隆古典文學添增一段重要史料，更是臺灣建省以來，最高官階的清政府官員所撰寫的第一副對聯，彌足珍貴。〔註24〕另鄭用錫、林占梅……等人寓居基隆期間亦有文學作品問世。

　　鄭用錫〔註25〕（1788～1858）　〈雞籠紀遊〉

　　　已償婚嫁更何求，勝阜差當五嶽遊，貼水雌雄尋鱟嶼，隔江大小辨
　　　獅球，茫茫波浪天邊湧，一一帆檣眼底收，別有孤峰空際挺，遙從
　　　砥柱溯中流。〔註26〕

　　林占梅〔註27〕（1821～1868）　〈泛舟雞籠〉

　　　山勢若羅城，茫然晚趣生，水天秋一色，風月夜全清，
　　　石亂層崖險，煙沉遠嶼平，滄波時極目，漁火半江明。〔註28〕

鄭用錫與林占梅抵基隆除有戰功外，寓居基隆時的文學作品，使得基隆乍見文學初苗，鄭用錫為消失的鱟嶼吟詠，林占梅為美麗基隆做詩，兩者至基隆，

〔註24〕陳青松，〈漫談基隆地區傳統文學發展史（上）〉，《臺北文獻季刊》直字第 160
　　　　期（2007 年 6 月），頁 75～76。
〔註25〕鄭用錫，字在中，號祉亭，竹塹人，清道光 3 年（1823）進士，有開臺進士
　　　　美譽，以軍功加四品銜，為明志書院講習，著有《北郭園全集》。
〔註26〕陳培桂，《淡水廳志》（臺北：臺灣銀行經濟研究室，《臺灣文獻叢刊》第 172
　　　　種，1963 年），頁 566。
〔註27〕林占梅，字雪村，號鶴山，竹塹人，清貢生，後官至布政使銜，著有《琴餘
　　　　草》、《林鶴山遺稿》、《潛園琴餘草》。
〔註28〕陳青松，《基隆古典文學史》，頁 28。

遇基隆的地景，不論是山勢若羅城或隔江大小辨獅球，戰事與寓遊無因果關係，是有意義的巧合，為基隆文學播灑種子，同時具有共時性與歷史性意義。

中法戰爭後，事隔十年，清日甲午一戰，清割臺灣與日，基隆文人聲聲歎，山河破碎誰來補，孤臣無力可回天：

周植夫（1918～1995）　〈澳底〉

灘頭雪浪急瀿瀩，餘恨空傳訂馬關，勁旅幾師登澳底，使臣一筆割臺灣，倭人有淚殘碑在，趙璧無瑕故國還，太息黃沙埋碧血，夜來燐火出江間。〔註29〕

清光緒21年（1895），割臺議成，日軍由北白川宮能久親王率軍自澳底登陸，向基隆推進，攻至獅球嶺時與本地軍隊發生多次戰役，雙方死傷慘重，雖有唐景崧建臺灣民主國護臺，在基隆、臺北抗日，但臺灣最終難逃被殖民之命運。戰爭勝負造成幾家歡樂幾家愁，樺山資紀對戰勝的能久親王禮讚：

樺山資紀（1837～1922）　〈親王萬歲〉

平定基隆臺北

在黃金也燃燒的炎熱中

踏過大料崁山

勦覆匪徒的巢窟

尖筆山的大敵也

望風披靡〔註30〕

平定基隆臺北後，日本宣布正式統治臺灣，而臺灣第一任總督即是樺山資紀。

二、文教機構

清代雞籠文風發展遲滯，直至清末光緒甲午年開戰前，始有幾位鄉賢在本地設絳傳經，有雙溪舉人連日春、基隆街舉人江呈輝、雙溪貢生莊廷燦、基隆街秀才張尚廉、林升階與陳錫疇諸位〔註31〕，此舉對基隆地區的文學發展，仍屬「草創、萌芽階段」，也略見基隆文學氣息。受到傳統文人精神與科舉考試之影響，臺灣漢學基礎在明清時紮根，而培育學術菁英，必須有文教機構，清領時期基隆民智未開，顯然與學術機構不興有因果關聯。

〔註29〕周植夫，〈澳底〉，《詩報》298號（1943年6月），頁12。

〔註30〕樺山資紀，〈親王萬歲〉，《臺灣日日新報》，1901年10月27日。

〔註31〕陳其寅，〈基隆詩壇之今昔〉，《懷德樓文稿》（基隆：財團法人基隆市文化基金會，1992年），頁353。

清康熙 23 年（1684）於臺南設「臺灣府」，惟清代初期，文風僅在南臺灣，光緒元年（1875）清政府取「基地昌隆」之義，易舊地名為「基隆」，並成立「基隆通判署」，為基隆設置衙署之始〔註32〕，然基隆正式之建設，至清法戰爭（1884～1885）之後，未幾臺灣建省，基隆建設逐漸開展，行政上仍隸屬臺北府淡水縣管轄；至光緒 13 年（1887）設立「基隆廳」，清朝的臺灣文學活動，仍以清廷派來的流宦官員與寓臺文人為主，透過儒學、縣學、書院、義學進行漢文化的傳播，培育菁莪；或是致力於地方志編纂，藉由藝文志選文，以文載道，裨益吏治。〔註33〕光緒 14 年（1888）「基隆廳儒學」創立，可惜依舊未見成效，僅由定居本市的鄉賢，在基隆地區設帳傳經，成效有限。畢竟墾民社會，文風不盛；基隆地區在清代，官方尚未有設立書院之前，基隆籍士子必遠赴淡水廳的明志、學海兩書院應考入學，光緒 19 年（1893）始由舉人江呈輝奉准創辦「崇基書院」，不幸校舍於光緒 21 年（1895）落成後，旋遭逢甲午戰役清廷敗績，臺灣被迫割讓，書院僅舉行首次月課，即猝遭改隸之痛，顯見基隆在當年，由於外在大環境不利因素，以及內在人為條件的種種限制，致使基隆地區在清領時期的文教事業不振，此一時期的基隆古典文學，幾無本市籍士子的創作〔註34〕，全是大陸抵臺官宦之士與寓臺其他縣市文人的記遊文章為多，且以詩作、碑文為主，以及極少數的楹聯，其他文體的古典文學尚付闕如〔註35〕，在無文教機構與文教賢達人士的大力推廣之下，雞籠文教事業難以發展。

三、作家作品

將中國遠古流傳下來的原始歌謠和神話傳說，及至五四以前大量的出色傳世經典，以漢語文言的形式所創作的文學作品，卓越且有一定價值，承上啟下，是現代文學的發展基礎，稱之為古典文學。

中國古典文學包含詩歌、散文、小說以及詞、賦、曲等多種文體，在各種文體中，呈現出多姿多彩的藝術美學，中國幾千年來的傳統文化，蘊育中國古典文學，古典文學又豐富傳統文化，使中國文學淵遠流長；基隆文學的

〔註32〕洪連成，《基隆市機關志》（基隆：基隆市政府，1994 年 3 月），頁 17、108。

〔註33〕黃美娥，〈臺灣古典文學發展概述 1651～1945〉，《臺北文獻》第 151 卷（2005 年 3 月），頁 219～220。

〔註34〕清代，真正基隆籍的舉人只有兩位，王廷理與江呈輝，可惜他們的著作散佚，見陳青松，《基隆古典文學史》，頁 17。

〔註35〕陳青松，《基隆古典文學史》，頁 17。

發展，又深受中國影響，因此由中國宦遊士人開啟基隆文學之風，具有承先啟後的歷史意義。宦遊士人之文學作品，以抒發個人情感、描述地方風俗民情及社會現象為主，如以親身經歷，完成創作者有郁永河《裨海紀遊》、姚瑩《臺北道里記》。鄭用錫因民間械鬥頻傳，寫下〈勸和論〉一文。因海盜襲擊基隆，林占梅赴基隆守衛而寫下〈海盜竊據雞籠汛聞警感賦〉等。

臺灣地處中國大陸沿海的邊陲，先民涉水到臺灣，在文學上不僅承襲中原古典文學之遺風，更是獨樹一幟；臺灣地區歷經族群的大融合，而發展出古典文學的多元風貌，然號稱北門鎖鑰的基隆，在清領時期，政經文化上開發較遲，「行有餘力，則以學文」，經濟不佳的情況下，文學的發展受阻，以清領時期古典文學諸多體例中，文人作品以詩為主，賦作品亦不多見，陳青松直言：「從文獻史料上的搜尋，有關基隆的「詞」作，在清一代皆無記載」。〔註36〕其他文學之作量也不多，基隆在此時期文學初試鶯啼。

清初旅臺文人注目的焦點有原住民、臺灣風俗民情、海洋書寫與自然風物，古典詩風，藉物託志，熱愛斯土，雖偏海角一隅，擁自然奇葩，遂地景詩作最為普遍，清領時期基隆古典文學內涵多為山水之作，蓋與宦遊之士有關，其中以〈基隆八景〉、〈雞籠積雪〉最受矚目。

（一）〈基隆積雪〉

1. 〈雞籠積雪〉沿革

臺灣地區的八景詩肇始於康熙時期高拱乾纂寫《臺灣府志》作〈臺灣八景詩〉，八景中因有「雞籠積雪」，雞籠便從此成為古典文學中的風景，雞籠積雪更是文人墨客吟詠對象，同治年間陳培桂《淡水廳志》有全淡八景，其中包括所謂的「雞籠積雪」或「雞嶼晴雪」。

雞籠積雪，必須在嚴寒的氣候下形成，唐贊袞有文曰：

> 雞籠山在基隆廳治。臺地氣候，南北迥殊。北境冬寒，與內地無大異。茲山為北境盡處，山大而高，下逼巨海，名為大雞籠。至冬常有積雪，臺人取以列郡治八景焉。〔註37〕

以今日之現況實難以想像，清朝時的基隆冬常有積雪，因此備受質疑，所持理由是：

〔註36〕陳青松，《基隆古典文學史》，頁85。
〔註37〕唐贊袞，《臺陽見聞錄》（臺北：《臺灣文獻叢刊》·第030種），頁111。

（1）文人豐富想像

　　清代康、雍、乾三朝〈臺灣八景〉其中一景詩句的「雞籠積雪」，最為後代學者疑惑，陳青松認為單純只是文人想像而無實景。

　　　　既然本書是記述基隆古典文學，應先拋開這些疑問，以純粹古典文
　　　　學眼光來判讀，亦不失為「文學」的欣賞；且古代文人都有非常豐
　　　　富想像力，詩人誇飾的修辭語法，時時寄情於景物之中，成為「寫
　　　　意」而非「寫實」的大自然山水之詮釋。〔註38〕

　　有學者認為其應為想像之題〔註39〕，不信雞籠真積雪，陳捷先不僅一再地強調雞籠積雪是虛設之景，更認為高拱乾的積雪詩作是影響後世方志品質的始作俑者，使得素有「臺灣方志第一」美稱的《諸羅縣志》留下些許的瑕疵〔註40〕，劉麗卿認為高氏在詩作當中所描述諸如「長年紺雪在」的景象是想像出來的。〔註41〕六十七在《使署閒情》不接受雞籠積雪之說：

　　　　濃雲蒼霧白茫茫，一路花梢滴露香；

　　　　未信雞籠真積雪，曉來先試北風涼。〔註42〕

然想像亦是美事，若將積雪解釋為白雲繚繞之比喻也不無可能，陳青松更覺得這樣的想像比起實際的雪景更為動人，更富詩意〔註43〕；自古文人多情、浪漫，詩情畫意，增添幾分美景在人間。

（2）文人錯判

　　「雞籠積雪」指多數人認為應泛指臺灣北部之七星山、大屯山等處高山積雪〔註44〕，就「雞籠積雪」細論，因為史料〈北投八景〉其中一景〈大屯山積雪〉，因而是文人誤將大屯山視為雞籠山。

〔註38〕陳青松，《基隆古典文學史》，頁22。
〔註39〕「描寫此景的古文章沒有的，詠此景的古詩卻很多，但據我所見，全都是想
　　　　像，似乎沒有一個人是看過雞籠積雪而寫的」。見陳漢光，〈臺灣八景的演變〉，
　　　　《觀光季刊》第1期（1965年），頁43。
〔註40〕陳捷先，《清代臺灣方志研究》（臺北：臺灣學生書局，1996年），頁200～
　　　　201。
〔註41〕劉麗卿，《清代臺灣八景與八景詩》（臺北：文津出版社，2002年），頁164～
　　　　165。
〔註42〕六十七，《使署閒情》（臺北：臺灣銀行經濟研究室，《臺灣文獻叢刊》第122
　　　　種，1961年），頁53。
〔註43〕陳青松，《基隆古典文學史》，頁22。
〔註44〕廖雪蘭，《臺灣詩史》（臺北：武陵出版社，1989年），頁95。

（3）詩的體例

自古文人雅士喜於遊山玩水之餘，乘興吟詩作對，藉美景贊詠述懷，此在古典文學裡常見以樓閣亭臺或名山勝水為題的詩詞，而自清朝以降至日治時期，所謂「八景詩」也蔚為風潮，除臺灣八景外，尚有臺灣府八景、臺灣縣八景、蘭陽八景、澎湖八景、彰化縣八景、北郭八景〔註45〕……等等各種八景詩出現，詩文對仗極為工整講究，譬喻、聯想、寓意、感慨的書寫方式頗多，已非單純寫景，遂成為一種特殊的詩歌體例。

（4）附庸風雅

然有批評者表示：有些詩作猶如追求時尚一般，詩人甚至可能不曾真正去過基隆八景之地，這或許如徵文比賽中，為配合指定的主題而寫出許多矯揉造作的文章。

雞籠積雪引發論戰，信者恆信，不信者恆不信，文學與科學交會，以科學檢視文學，並非科學壓抑文學，時空背景是探究雞籠是否積雪的癥結，在科學與文學兩種文化的隔閡與角力下，雞籠積雪真相呼之欲出。

2. 雞籠積雪論戰

（1）雞籠積雪的時空背景

由雞籠積雪詩得知基隆常態積雪時間約在清初至民國初年，時空跨越約二百年，由臺灣八景，淡水八景到基隆八景詩，詩中皆謂雞籠有積雪，但亦有文人不信，因此掀起一波論戰，文人以詩相繼表態基隆是否積雪，在信與不信之間，無意中文人在詩作上展現長才。

（2）文獻考證

A. 清朝地志文獻

甲. 《臺灣府志》

清康熙35年（1696）出版的《臺灣府志》中，雞籠積雪為臺灣八景之一，隆冬之際「時有霜雪」。

> 自府治至鳳山，氣候與臺邑等。鳳山以南至下淡水諸處，早夜東風
> 盛發，及晡鬱熱，入夜寒涼，冷熱失宜。又水土多瘴，人民易染疾

〔註45〕鄭用錫：《北郭園八景》，八景詩以「小樓聽雨、曉亭春望、蓮池泛舟、石橋垂釣、小山叢竹、深院讀書、曲檻看花、陌田觀稼」為名，各寫一首五言絕句。

病。自府治直抵諸羅之半線，氣候亦與臺邑等。半線以北，山愈深，

土愈燥，煙瘴愈厲，人民鮮至。雞籠地方，孤懸海口，地高風冽，

冬春之際，時有霜雪。此南北之氣候不同也。〔註46〕

乙. 《諸羅縣志》

《諸羅縣志》記載：「雞籠積雪雞籠山」，「雨雪，冰堅厚寸餘」。〔註47〕

丙. 《重修臺灣府志》

大雞籠嶼：在廳治東北二百五十里。城與社皆在西面。又有福州街舊址，

偽鄭與日本交易處。上建石城，即郡城八景之「雞籠積雪」也。臺地無霜雪，

獨此嶼極北寒甚，冬有積雪。今設汛防其地；以在大海中，欲至其地，必先舉

烽火，社番駛艋舺以渡。〔註48〕

丁. 《小琉球漫誌》

作者朱仕玠以「雞籠山詩云」為題，說明雞籠山區有足以照映大海的白

雪，詩云：

大地一巨島，矧茲千里凸。要之南北殊，亦有寒燠別。雞籠北境盡，

聞有照海雪；未隨瘴銷鎔，長留寒凜冽……。〔註49〕雞籠山，在彰

化縣治。臺地氣候，南北迥殊；北境冬寒，與內地無大異。茲山為

北境盡處，山大而高，下逼巨海，名為大雞籠。至冬，常有積雪；

臺人取以列郡治八景焉。〔註50〕

戊. 《淡水廳志》

嘉慶二十年（1815年）秋九月地大震，傾損民居。復小震匝月止。

冬十二月雨雪，冰堅寸餘。〔註51〕

整合有關雞籠十七世紀末迄於十九世紀末的氣溫變化文獻，如下表。

〔註46〕蔣毓英，《臺灣府志》（南投：國史館臺灣文獻館，2002年），頁4。

〔註47〕周鍾瑄，《諸羅縣志》（臺北：臺灣銀行經濟研究室，《臺灣文獻叢刊》第141
種，1962年），頁18。

〔註48〕范咸，《重修臺灣府志》（臺北：臺灣銀行經濟研究室，《臺灣文獻叢刊》第105
種，1961年），頁30。

〔註49〕許雪姬總策畫，《臺灣歷史辭典》（臺北：行政院文化建設委員會，2006年），
頁103

〔註50〕朱仕玠，《小琉球漫誌》（臺北：臺灣銀行經濟研究室，《臺灣文獻叢刊》第3
種，1957年），頁34。

〔註51〕陳培桂，《淡水廳志》（臺北：臺灣銀行經濟研究室，《臺灣文獻叢刊》第172
種，1963年），頁348。

表 4-1　雞籠一地起於十七世紀末迄於十九世紀末「雪」的變化表

編纂年限	著作名稱	有關氣溫概況的關鍵文句	頁　碼
1685 年	《臺灣府志》	「時有霜雪」	4
1695 年	《臺灣府志》	「長年紺雪在」、「經年寒不已」、「冬至絮飄深谷裡」、「乍擬冰世界」、「玉屑落天中」	280、285、290、291、293
1708 年	《赤嵌集》	「秋崖積雪斑」	58
1712 年	《重修臺灣府志》	「炎方偶積雪」、「雪積光搖庾嶺然」、「六出花飛花自妍」	408、410、412
1717 年	《諸羅縣志》	「偶爾見雪」、「亦稀見雪」	18、180、181
1741 年	《重修福建臺灣府志》	「間有霜雪」	99、100
1746 年	《重修臺灣府志》	「不信炎方寒起粟」、「臺地無霜雪，獨此嶼極北寒甚，冬有積雪」	30、795
1764 年	《續修臺灣府志》	「雪愛炎方為淹留」、「也與匡盧景色同」、「誰知海島三秋雪」、「色寒遠映玉山樹」、「雞籠山頭雪未蝕」	965～966、973、975、976～977、986
1764 年	《重修鳳山縣志》	「寒雪積雞籠之峰」	498
1765 年	《小琉球漫誌》	「常有積雪」、「長留寒凜冽」、「猶有太古雪」	18、34～35
1772 年	《海東札記》	「雞籠奇冷」	28
1816 年	由《半崧集》編修而成的《半崧集簡編》	「誰云海外三冬景，卻少雲中六出花」	37
1867 年	「金字碑」	「大小雞籠明積雪」	
1870 年	《淡水廳志》	「霜雪罕矣」	302
1886 年	《馬偕日記 II　1884～1891》	「看到山上的雪，嚴寒」	113
1893 年	《全臺遊記》	「以地暖無霜雪故也」	3

　　資料來源：改編自許世旻〈乍寒還暖：論臺灣八景中的雞籠積雪〉，頁 120。

康熙 24 年（1685）「時有霜雪」，至康熙 34 年（1695）「經年寒不已」、「長年紺雪在」，雞籠積雪為冬季常態，1700 年代前期雞籠偶而積雪，後期氣候奇冷見霜雪可想而知，因此又見雞籠山頭雪未蝕」，1800 年代積雪情況漸減，光緒 19 年（1893）「地暖無霜雪」。大氣變化牽動文人的心情，引發論戰則為基隆

文學史增添一頁精彩詩篇。

　　B. 外國文獻：《馬偕日記 II　1884～1891》

　　馬偕博士（George Leslie Mackay 1844～1901）在同治 11 年（1872）至光緒 27 年（1901）　寓臺期間，留下許多臺北、基隆地區的天氣記錄。

> 禮拜五 29 日
>
> 在傾盆大雨之中，啟程到雞籠，下午 4 點到達，用一些時間在教會，然後沿著社寮（棕櫚島）反方向走。在寒冷的雨中，站一段很長的時間等船，晚上 8 點進到宣教會館（Mission house）。潮濕，寒冷，飢餓，午夜煮一些東西來吃。〔註52〕

> 禮拜六 30 日
>
> 看到山上的雪，嚴寒。用整天的時間沿著宣教會的土地種樹。等時間到，這地方將會變成非常美麗。總數將近 400 棵樹，300 棵相思子樹（AbrusPrecatorius，編注：相思豆、雞母珠），100 棵榕樹（Banyan）〔註53〕。

由此可見，光緒 19 年（1893）在雞籠社寮看到山上的雪即雞籠山積雪。

　　C. 清代文人見證

　　雞籠積雪作者群：王璋、王善宗、齊體物、林慶旺、高拱乾、婁廣、張宏、張琮、孫元衡、周鍾瑄等人的詩作，以及在康熙 22～23 年（1683～1684），臺灣的地方志中有「雨雪」、「冰堅厚寸餘」、「降大雪，寒甚」……等記載，另在福建、廣東更有「大雪霜」、「海魚凍死」、「檳榔盡枯」、「卉木隕落」、「樹木多枯死」、「椰、榔枯死過半」等記載；加上可以對比到中國的明清小冰河期，判斷「雞籠積雪」的可能性極高〔註54〕，又地方志是記載一個地方歷史和現狀的文獻著述，保存地方的歷史資料，在眾多地方志皆有記錄臺灣各地嚴冬下雪，寓居基隆的鄭用錫更直指雞籠積雪即是在大雞籠山〔註55〕，因此「雞籠積雪」的可信度更高。

〔註52〕馬偕著，王榮昌等譯，《馬偕日記 II　1884～1891》（臺北：玉山出版社，2012 年），頁 113。

〔註53〕馬偕著，王榮昌等譯，《馬偕日記 II　1884～1891 年》，頁 113。

〔註54〕林明聖，〈康熙臺灣輿圖中的臺灣八景〉，《臺灣博物季刊》34 卷第 1 期（2015 年 3 月），頁 39。

〔註55〕鄭用錫云：「大雞籠山在廳治北，雞籠積雪即此山也」，詳見鄭用錫，《臺灣歷史文獻叢刊　淡水廳志稿》，南投：臺灣省文獻委員會，1998 年 3 月，頁 4。

表 4-2　清領時期與雞籠一地之降雪現象有關詩作的題目表

時間斷限	作者、編者／詩作的題目	詩　作	詩作的出處
	王善宗〈雞籠積雪〉	雞籠一派海汪洋，寒氣相侵曠野涼，冬至絮飄深谷裏，玉龍戰退耐風霜。	《臺灣府志》，頁281、271、283、285、285。
	高拱乾〈雞籠積雪〉	北去二千里，寒峰天外橫，長年紺雪在，半夜碧雞鳴，翠共峨眉積，炎消瘴海清，丹爐和石煉，漫擬玉梯行。	
	王璋〈雞籠積雪〉	雪壓重關險，江天儼一新，乍疑冰世界，頓改玉精神，瘠壤皆生色，空山不染塵，寒光如可借，書幌歷冬春。	
	齊體物〈雞籠積雪〉	積素疑瑤圃，高空似畫圖。惟於炎海外，方覺此山孤。	
	林慶旺〈雞籠積雪〉	冰壺九曲通，粉墜市郊同，雞聲聞社北，籠影照牆東，藕絲垂地上，玉屑落天中，柳絮隨風起，清肌賞太空。	
十八世紀	婁廣〈雞籠積雪〉	山峻曰雞籠，連雲插海中，炎方偶積雪，傳播任匆匆。	《增修臺灣府志》，頁 507、510、512。
	張宏〈雞籠積雪〉	雞籠巖壑各爭妍，雪積光搖庾嶺然，日映鱗鱗鋪玉屑，鴉飛點點拂雲箋，參差石面千層白，高下林梢一抹煙，清興此時已不淺，何須秋夜月流天。	
	張琮〈雞籠積雪〉	六出花飛花自妍，雞籠爛熳越嫣然，千尋岩壑鋪銀練，半幅琉璃簇玉箋，宜興王猷供晚棹，漫勞蘇武嚙荒煙，風光聞說西山霽，此地風光別一天。	
	莊年〈雞籠積雪〉	迥殊漠北子卿身，六出何來伴雁臣，排闥一峰疑砌玉，凝眸幾點恍堆銀，炎方特為開生面，羈宦渾如遇故人，金碧山川都看盡，礬頭畫稿覺翻新。	《增修臺灣府志》，頁 955。
	褚祿〈雞籠積雪〉	移來瓊島是何年，積素凝華入望妍，瑞數碧雞開運會，城依元圃說桑田，玉山岧嶤光相映，銀海波濤勢欲連，不信炎方寒起栗，燕雲迢遞近中天。	《重修臺灣府志》，頁 957。
	余文儀〈雞籠積雪〉	十年作郡白盈頭，雪愛炎方為滯留，遙對玉山成二老，消歸銀海作清流，眾峰遠列看雌伏，鳴瀑齊聲報曉籌，應是碧雞曾羽化，樊籠猶得傍瀛洲。	《續修臺灣府志》，頁 1175、1169、1182、1195。

	覺羅四明〈雞籠積雪〉	遙峰瑞應金雞，幽徑平鋪玉液，周遭石砌重重，那得柴門臥客。	
	余延良〈雞籠積雪〉	圓銳孤懸蜃窟中，漫漫堆玉聳穹窿，誰知暖日炎荒地，也與匡廬景色同。	
	朱仕玠〈雞籠積雪〉	試上高樓倚畫欄，半空積素布晴巒，誰知海島三秋雪，絕勝峨嵋六月寒，自有清光遙槳戟，翻疑餘冷沁冰紈，北來羈客鄉思切，時向炎天矯首看。	
	金文焯〈雞籠積雪〉	巋然北鎮瞰醫閭，地軸迴旋黍谷初，青女按時捐玉佩，藐姑終歲曳瓊琚，色寒遠映玉山樹，澌化清流淡水渠，炎瘴邇來消洗盡，好乘和會奠民居。	
十九世紀	章甫〈雞籠積雪〉	積素江城望眼賒，天然瓊島水之涯；誰云海外三冬景，卻少雲中六出花？遜白梅魂塵不染，斷青山色玉無瑕。朝霜夜月渾留影，一片寒光萬里遐。	《半崧集簡編》，頁37。
	李逢時〈雞山積雨〉	艋川東望一山尊，鳥路微茫蜃氣昏，不道曉嵐吹雨過，眾峰羅列盡兒孫。	《泰階詩稿》，頁100～102。
	劉明燈〈題三貂嶺〉	雙旌遙向淡蘭來，此日登臨眼界開。大小雞籠明積雪，高低雉堞挾奔雷。寒雲十里迷蒼隴，夾道千章蔭古槐。海上鯨鯢今息浪，勤修武備拔英才。	猴硐碑文，《臺灣詩海》，頁51。
	楊浚〈雞嶼晴雪〉	三千銀界望嵯峨，如此炎方奈冷何，天為重關消瘴癘，我從殘碣一摩挲，鑿坏安得山能語，漏網真愁水不波，曾說聞雞先見日，更無人借魯陽弋。	《臺灣詩乘》，頁183。
	陳培桂，楊浚〈奎山聚雨〉	奎山聚雨。	《淡水廳志》，轉引基《隆古典文學史》，頁428。
二十世紀初	許梓桑〈雞山驟雨〉	雞山屹立冠群峰，風雨蕭蕭聚幾重，極目微茫迷鳥道，高低雲樹匝陰濃。	《基隆古典文學史》，頁71～72。

資料來源：依據上開詩作的出處，由本研究彙整製表。

由此表可知在十七世紀至十九世紀中葉，雞籠積雪處處可見，至十九世紀末二十世紀初小冰河期漸退，地球逐漸回溫，雞籠地區暖無霜雪，雞山積雪已成積雨，由雪變成雨，期間「雞籠積雪」的詩句自然逐漸消失。

在「寒峰」、「飛雪」、「風霜」、「冰世界」、「玉屑」⋯⋯「積雪」、「雪積」以及「六出花」等等的詞彙中建構畫面，浮現萬里雪飄的情境，恰似雪花紛

飛的北國風光；雞籠積雪詩創作當時，雞籠之大自然景物，處於洪荒時期，曠野、深谷、炎瘴、蠻島、瘠壤、炎方、巖壑、岩壑、山川、瓊島、幽徑、荒地……等，可證萬水千山尚未遭受破壞，正是瑤草奇葩不謝，岡嶺疊翠，蟲草幽鳴，天上星辰應作伴，人間松柏不知年，此清幽風景，一掃過去雞籠惡地之說，翠共峨眉積，炎瘴邐來消洗盡，六出花飛飛滿天，書幌歷冬春，此地風光別一天，彷彿人間仙境，不亞陶淵明之世外桃源，更藉由雞籠積雪詩今昔對照，雞籠積雪詩在自然寫作上展現不少特色，山樹清流、秋雪冰紈……等，如此大地美景，彷若在瀛洲。

D. 現代學者專家見證

康熙 31 年（1692）高拱乾搭乘船巡視海上時，遠遠看到臺灣北部雞籠積雪的景觀，厚厚積雪覆蓋整個山頭，形成一片白茫茫，景緻優美，高拱乾將之畫記下來，並列為臺灣八大美景之一。文化大學大氣系教授劉廣英說：「宋徽宗年間，那時正當北方諸侯因受氣溫下降〔約自 1100 年起至 1190 年間為中國歷史上的冷期，見下圖〕影響而漸次南移」。〔註56〕

圖 4-1　東晉以還長期氣溫變化圖

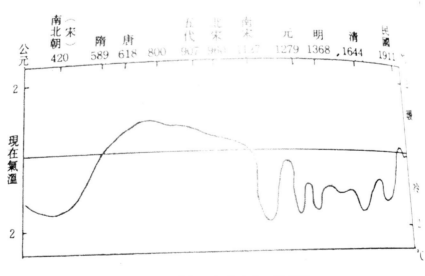

資料來源：劉昭明，《中國氣象史》，頁 270。〔註57〕

上圖為晉代和南北朝以來，中國氣溫變化，曲線表示與現在年平均溫之相差

〔註56〕劉廣英，《氣象萬千》，頁 171～173。劉廣英 1935 年生於山東省，1939 年來
　　　　臺，居於基隆，就讀省立基隆中學初中，曾於文化大學任教。
〔註57〕劉昭明，《中華氣象學史》（臺北：臺灣商務印書，2011 年），頁 270。

值,由圖示亦可知明惠帝建文二年(1400)至清光緒二十六年(1900),其中包括有三個小冰河時期:

(1)明英宗天順二年(西元 1458 年)至明世宗嘉靖九年(西元 1530年),為中國五千年以來的第四個小冰河時期。

(2)明光宗泰昌元年(西元 1620 年)至清聖祖康熙五十九年(西元 1720 年),為中國五千年以來最寒冷而乾旱之第五個小冰河時期。

(3)清宣宗道光二十年(西元 1840 年)至清德宗光緒六年(西元1880 年),為中國五千年來次冷之第六個小冰河時期。〔註58〕

由上可推知 1500～1900 年即是小冰河期,比較強的小冰河期大約在康雍乾時期,臺灣氣溫極低,雞籠、臺北、淡水的山上時常積雪。十七世紀全球進入小冰河期,不僅世界各地氣溫遽降,臺灣也出現異常低溫,每年冬天平地偶而下雪,這種情形前後持續三百年,一直到二十世紀初年。

劉昭明亦認同:「清初中國氣候較寒因和明末同屬小冰河時代」〔註59〕,前文之記載並非空穴來風。

2015 年 1 月 26 日冷氣團衝破北極圈,由西伯利亞竄出,造成臺灣中部以北低海拔地區大雪紛飛,基隆積雪重現,足證氣候變化引發一些不可思議之事。明末清初時的小冰河期,造成天候低溫,彙集古今中外資訊,更可印證雞籠積雪,並非文人無病呻吟,由文獻記載與科學種種證據顯示,清代詩人寫的基隆積雪並非憑空杜撰,百年公案終結:雞籠積雪是確有其事!

文學的「真」,指事物的真象,真相大白,也是性情方面的率性天真,反樸歸真,更是反映社會現實,真憑實據,因為真,所以才能使人感動引起共鳴,考證基隆是否積雪,就是在求真,既名為八景,「景」在當時就必須存在,與一般意境的想像不同,有關雞籠積雪真偽,實則是一場精采論戰,在不同的時空,作家以詩各持已見,在字裡行間凝聚無比澎湃的昂揚熱血,雞籠是否真積雪,論戰過程中作家的作品,才是精華。至於雞籠積雪在雞籠何處,以區域的角度而言,只要在雞籠轄區內,不論是降雪在山上或平地皆宜;文人墨客旅遊,總會一時興而潑墨傳唱,歸然不動的山和隨勢而流的水,成為文人創作不竭的泉源。

〔註58〕劉昭明,《中華氣象學史》(臺北:臺灣商務印書,2011 年),頁 272。

〔註59〕劉昭明,《中華氣象學史》,頁 191。

（二）〈基隆八景〉

高拱乾於清康熙 33 年（1694）纂修《臺灣府志》，在《臺灣府志》的〈外志〉中首度提及「臺灣八景」。〔註 60〕八景實為文化地景（Cultural Landscape），雞籠八景詩對八景地方感（The sense of place）的形塑有很大的影響。「地景」範疇包括因受到自然條件及自然環境影響的自然風景，與結合社會、經濟、文化力量，長期演變的人文風景。八景詩也形成宦遊詩人及本地詩人競相吟作成風的作品，透過山水的描寫，親近這塊土地，使詩中之景與文交融入境。

八景詩因其題目有定點景色的狹窄性，以區域角度審視八景詩，更能突顯地名與地理環境的特色，充分顯示在地性。八景詩必須選定八個景點，另有四字一組的八景標題，將自然風景轉化為具有文化意義的勝景，方可謂之「八景」，以李逢時雞籠八景為例：「雞山積雨」是八景中的一組，其由地點「雞山」與氣象「積雨」組合，以積雨為主要論述，誠如「雞山」、「鱟嶼」、「仙洞」「社寮」、「八尺」、「三爪」、「燭嶼」、「人堆」〔註 61〕等八個基隆的一般地點，經由文學性的轉化〔註 62〕，形成「雞山積雨」、「三爪聳翠」、「鱟嶼凝煙」、「仙洞鳴泉」「社寮漁火」、「八尺澄清」、「燭嶼夜光」、「人堆戰浪」，這八個普通地點就變成美侖美奐的地景，這就是八景詩的主題。一番番春夏秋冬，風光不與四時同，景物更動，人處於其中，領悟物我之間的互動，使得詩句中充滿時空的飛躍，動靜皆美。

1. 基隆八景詩的沿革

基隆八景詩始於同治年間的李逢時，楊浚繼之寫〈雞籠八景〉〔註 63〕，而後有許梓桑、澀谷春濤〈基隆八景〉，陳其寅〈基隆新八景〉，延伸出〈基隆次八景〉、張元林、陳阿火、黃昆榮〈基隆八斗子八景〉，蔣孟樑撰〈雞籠八景〉聯句（六副對聯），近代基隆青年同志會書寫〈基隆八景〉，可見〈基隆八景〉已蔚然成風。茲將有關〈基隆八景〉彙整如下表：

〔註 60〕林明聖，〈康熙臺灣輿圖中的臺灣八景〉，《臺灣博物季刊》34 卷第 1 期（2015年 3 月），頁 36。

〔註 61〕人堆雖非地點，卻間接說明地點所在。

〔註 62〕石守謙，《移動的桃花源——東亞世界中的山水畫》（臺北：允晨文化，2012年），頁 24～25。

〔註 63〕李嘉瑜，〈理想化的完美山水——臺灣古典詩中的基隆八景（1895～1945）〉，《臺灣文學研究學報》第 18 期（國立台灣文學館，2014 年 4 月），頁 44。

表 4-3 臺灣古典詩中的基隆八景表

出處／景點	李逢時	淡水廳志楊浚	澀谷春濤（1903）	許梓桑（1904）	基隆青年同志會（1928）
奎山聚雨	★雞山積雪雨	★		★雞山聚雨	
毬嶺匝雲		★	★獅球嶺	★獅嶺匝雲	★獅嶺迎雲
峰頂觀瀑		★	★雙龍瀑	★魴頂瀑布	
鱟嶼凝煙	★	★	★鱟母島		
仙洞聽潮	★仙洞鳴泉	★	★仙洞	★仙洞聽濤	
社寮曉日	★社寮漁火	★		★	★社寮銀瀾
海門澄清	★八尺澄清	★	★八尺門	★	
杙峰聳翠	★三爪聳翠	★		★	
燭嶼夜光	★				
人堆戰浪	★		★萬人堆		
大沙灣			★		
吐霓橋			★		
旭丘晴嵐					★
米甕晚霞					★
八斗夕照					★
靈泉晚鐘					★

資料來源：李嘉瑜，〈理想化的完美山水——臺灣古典詩中的基隆八景（1895～1945）〉，頁 53。〔註 64〕

2. 李逢時〈基隆八景〉詩

李逢時的〈雞籠八景〉詩以自然景觀為書寫對象，山水海浪、嵐霧雪雨、漁火，皆是詩中畫影像。

李逢時〔註 65〕（1829～1876） 〈雞籠八景〉

〔註 64〕李嘉瑜，〈理想化的完美山水——臺灣古典詩中的基隆八景（1895～1945）〉，頁 53。

〔註 65〕李逢時，字泰階，宜蘭頭城人，同治 13 年（1874）舉人，著有《泰階詩集》。李逢時，《泰階詩稿》（臺北：龍文出版社，2001 年），頁 100～102。

〈雞山積雨〉〔註66〕

艋川東望一山尊，鳥路微茫蜃氣昏，不道曉嵐吹雨過，眾峰羅列盡
兒孫。

迷濛山嵐幻化海市蜃樓，鳥兒歸路渺茫不清，煙雨壟罩，在雞山登高眺望，群山連綿，此起彼伏，不過是一座又一座的小山，會學凌絕頂，一覽眾山小。霧氣層層，積成雨，山在縹緲虛無中，此詩摩描物態極盡工巧，詩歌表現自然清新。

〈鱟穴凝煙〉

欲借秋風擊怒濤，鱟帆齊舉海門高，相依未肯衝波去，只為寒煙著
意牢。

基隆港區內原有鱟公、鱟母兩座小島，以島形像鱟魚而得名，鱟公、鱟母兩情相悅，入秋後，東北季風起，強力推浪拍擊石岸，浪花濺飛，蒼海波瀾壯闊，鱟公、鱟母仍然倆相依，在霧氣瀰漫煙雲繚繞情境中，十分可人。但因橫隔港區，阻斷水路，因此較大的船隻都只能停在外港，日本政府整修基隆港，在第二期築港工程時，將兩座島嶼炸除填平，移作碼頭，鳳凰于飛入雲霄，海底鴛鴦〔註67〕今安在？頗引人遐思神往。

〈三爪聳翠〉

重疊芙蓉作畫屏，一林春筍立亭亭，留人最是溪邊道，欲去回看半
角青。

三爪坑山，山巒、樹木高聳蒼翠，位於臺北縣瑞芳鎮五分山山稜，向東北延伸支稜，海拔 679 公尺，景觀秀麗自然，展望極佳，山不爭高自成峰，重疊芙蓉葩紅鮮，綠竹亭亭疏影斜，探手抱腰看，江水流不斷，回首望山瞧，青山笑春風，如此風光，是詩人心中的理想山水。

〈八尺澄清〉

千載黃河一旦清，未聞海底見沙明，誰知八尺門前水，錯認滄浪賦
濯纓。

〔註66〕雞山，又稱奎山，即今之基隆山，位於瑞芳金瓜石一帶，屬錐形火山，雖只
有 588 公尺，但由於山勢獨立，儼然有登泰山而小天下之氣派，基隆山北面
直伸入海。明朝時先民來臺開拓時，船經東北角海面即以此山為指標，舊時
基隆人常觀察遠處基隆山天候，判斷一日陰晴雲雨。

〔註67〕鱟的繁殖季節，雌雄一旦結為夫妻，便形影不離，肥大的雌鱟常馱著瘦小的
丈夫蹣跚而行。此時捉到一隻鱟，提起來便是一對，故鱟有「海底鴛鴦」之
稱。基隆海域盛產「鱟」魚，近幾十年來，由於環境大肆被破壞，鱟分布的
區域越來越窄，數量逐漸稀少。

千載悠悠大黃河，一碗水半碗泥，有朝一日黃河澄清時，也沒聽聞水底清澈可見沙，八尺門水窄如帶〔註68〕，澄清見底，平日漁船排列，平靜無波，後來因漁港碼頭為修船業者長期使用，堆置漁船廢材，造成環境髒亂，八尺門前水已濁兮，卻錯認滄浪之水清兮，可以濯吾纓；清濁混淆，感嘆環境遭破壞，徒留遺憾。

以知性之筆，反映自然生態被破壞的憂心與反思，以含蓄手法審視人間，表現出人性關懷與期許。整體而言，書寫內容表達關心環境生態，在當時民智未開，能夠洞察環境被破壞，而發出悠悠之鳴，誠屬可貴，是謂環保先鋒。

〈社寮漁火〉

　　無限漁燈風亂搖，雞籠夜夜是元宵，臨流我欲投竿去，一棹輕舟出社寮。〔註69〕

海上點點魚燈，恰似元宵燈火，虎雖可搏，海卻難憑，我臨流欲投竿，一棹輕舟已出社寮，逐浪隨波，灑灑脫脫，無限逍遙。

敘寫欣賞海上夜色，海天一線，投竿垂釣，享受樂趣，便是一種富足，尤其能在星夜下體驗大地的律動，即是一種主觀的感知，而領略海景則需要一顆審美的心靈，才能在平凡中細細品味，方有輕舟已過萬重山的那種愉悅與滿足。

〈燭嶼夜光〉

　　海作膏油天作籠，光芒萬丈扇長風，遙知達旦輝煌處，眩目魚龍一
　　照中。

蠟燭需膏油才能引火點燃，燭嶼將海當膏油，將天當做燈籠，在海上和著萬里長風，發出萬丈光芒，打漁人家以燈火誘捕魚，魚在燈火驚天一照，便目眩被逮。

海作膏油天作籠，光芒萬丈扇長風與莊子「天地為棺郭，萬年為須臾」，有異曲同工之妙：氣勢磅薄，於月落烏啼霜滿天之際，海上漁火通宵達旦在

〔註68〕八尺門一帶，原是指和平島與基隆陸地的狹隘水道，為漁船出入航道，形狀像門，八尺則是形容水道狹隘，八尺之說因此得名。

〔註69〕社寮島即今日和平島主要部分，原是雞籠社凱達格蘭族的聚落。十七世紀以來，變為北臺灣軍事要地，西班牙、荷蘭、清朝等都曾在島上設立軍事據點，島上阿拉寶灣一帶存有社寮島砲臺。日治時期，連結桶盤嶼、中山嶼，建橋樑與八尺門陸地交通。

燭臺嶼〔註70〕，魚龍見光即炫目，而落入漁人之手。「燭」嶼有夜光，點點漁火，如星似螢，形成靜謐海上月夜獨特的風光。

〈人堆戰浪〉

不是長驅草木兵，直疑江上陣初成，嶙峋甲冑秋風起，盡日濤聲作戰聲。

「戰松林萬翠鳴秋，併作怒濤澎湃。」人堆戰浪〔註71〕，滂渤怫鬱，有若雷鳴；鬼斧神工，大化雕琢人堆，千軍萬馬，並非可驅使的草木之兵；嶙峋的地貌成為戰士的甲冑；秋風起，強勁的東北季風，使人堆與波浪激情相遇，波濤洶湧，如作戰時的嘶吼，海浪短兵相接，橫掃千軍，人堆不倒，海浪不絕，形成一幅漫妙的動畫，彷彿在訴說：「古今多少事，都被浪淘盡」，栩栩如生的人堆，如雲去卻回的海浪，「汨汨幾時休，從春復到秋」，是大地的傑作，令人悠然神往。

〈仙洞鳴泉〉

偶爾離塵入洞天，玲瓏石竅滴靈泉，山深別有煙霞趣，不必飛昇人亦仙。

仙洞巖位於基隆市西北端中正區仙洞里，仙洞為一海蝕洞地形，相傳曾有仙人在此修行，得道後昇天而去，故而得名。仙洞的每一洞穴都是自然天成，石壁上字刻前人詩文墨跡。

清末徐莘田〈基隆竹枝詞〉，寫道：

仙洞幽深別有天，崎嶇一徑入螺旋。遊人多少留題詠，百尺蒼崖姓氏鐫。

清末林朝崧（1875～1915）〈基隆仙洞〉則寫道：

打槳來遊小洞天，洞深不見古時仙。燃燈曲覓巖間路，拂袖涼沾石罅泉。蝙蝠群飛爭此穴，鳳鸞重到定何年。料知上界真人府，舊隱難忘碧海邊。〔註72〕

「打槳來遊小洞天」，可知當時遊仙洞，必須搭小船，清末蔣師轍（1847～1904）

〔註70〕金山岬位於金山東北方的岬角。燭臺嶼屹立於金山岬東側海面上，高約六十公尺，出水面後歧分為雙嶼，外型像一對燭臺相互對峙，故名為燭臺嶼。燭臺嶼因地盤上升隆起，礁岩經過長時間海浪侵蝕而形成，形成典型的海蝕柱。

〔註71〕人堆戰浪位於和平島沿岸，萬人堆，為一片葷狀的岩石，從遠處觀看有如千萬人頭聚集，十分壯觀。

〔註72〕《無悶草堂詩存》卷三，頁35。引自陳青松《基隆古典文學史》，頁39。

《臺游日記》亦云：

> 隔岸有仙人洞，田撰異題名在焉。擬拿舟往訪，而驚濤一葉，狀殊
> 可危，心懾而止。

立於仙洞巖可聽聞海潮澎湃，巨浪拍打，聲勢驚人之音，惟日治時期，日本政府為擴建基隆港而填海造陸，今仙洞外已成為基隆西岸碼頭，仙洞巖因此而漸漸遠離海岸，「仙洞聽潮」，今已不復存在。在紅塵滾滾的人世間，仙人也無蹤影。迷霧仙山、巧遇雲海，如此美好的「天堂」，惹人冥想；又神仙多居住在飄渺的仙山，方丈渾連水，天臺總映雲，如此的人間畫卷，就是仙鄉，能身在此仙鄉，不必升天亦為仙。

　　有關八景詩中的地點，每位詩人不一定躬親造訪過，文學之美在於能把硬體的文物于於柔性化，藉由詩人主觀的意念及所處的環境，加以美學創作，八景詩所選定的地點，常見同一地點有同樣八景的題目，而且有不同人的吟詠，因各人角度不同，以不同的體驗方式繪成一景，卻百家爭鳴的畫面。

　　在日本政府規劃下，基隆成為臺灣首屈一指的繁華港都，來自明治維新的西化經驗，更使基隆充滿現代化與洋化風味，基隆因之成為重要的觀光區域，基隆八景因詩聞名，基隆八景便成為觀光景點。〈基隆八景〉詩是屬山水詩，謝靈運為山水詩之先驅，生花妙筆使山川之美歷歷在目，山姿水態，浮翠流丹，詩中有畫，畫中有詩。基隆八景詩是書寫者透過心靈活動所創造的地景詩，關注的是詩中景物的美化，形塑成迥異於現實塵世的仙境山水與寄託漁舟理想的隱居山水，已強化八景自身的文化意義與美學價值。〔註73〕文人寄情山水，將景物美化理想化，在無限風光中，相忘於江湖，置身於山水間，覓得一份心靈的淨土。

　　曾經滄海桑田：消失的鱟嶼、仙洞聽潮，藉由詩人將其封存在歷史洪流中，成為一種美好的記錄，至於存在的社寮島與仙洞，經由八景詩聲望強化其名勝地位，凡此種種，以揭示作為文化地景與文學地景的基隆八景，已成為基隆地方記憶的一部分。〔註74〕從國際潮流趨勢觀之，基隆是一個區域史的好園地，歷經三百餘年的歷史，因交通戰略位置及豐富礦產，荷西法日相

〔註73〕李嘉瑜，〈理想化的完美山水——臺灣古典詩中的基隆八景（1895～1945）〉，頁70～71。
〔註74〕李嘉瑜，〈理想化的完美山水——臺灣古典詩中的基隆八景（1895～1945）〉，頁73。

繼侵略基隆,使基隆成為古戰場〔註75〕,又山環水抱,多元族群,深具區域特色,基隆文學發展史,精彩可期。

第二節　日治時期

異族統治下,語言變化使原來的文學發展受限制,但古典文學在日人容忍限度內,反而逆向發展,受五四運動影響,新文學崛起,鄉土文學順勢產生,直到皇民化運動,漢文學遇挫折,學校用日文,報紙禁漢文欄。

一、時代背景

(一)殖民體制中的基隆文學

帝國主義國家壓榨殖民地資源,奴役弱勢族群,殖民地的人民只能無語問蒼天,而文學在烽火中萃煉,更見生命力,基隆詩社在日治時期大放異彩,這是帝國主義國家意料不到之事,後雖以政治力壓抑,然春草已長,野火燒不盡,在阻礙的因素消除後,又另有一片欣欣向榮的景象,恰似一夜狂風吹落地,一地落葉又生根。日治時代,總督府以清代基隆廳的範圍為基礎,經過多次改制,大正9年(1920)全臺最後一次行政區重劃時設置臺北州基隆郡。第八任臺灣總督田健次郎進行政區域改革,基隆郡隸屬臺北州,基隆郡範圍包括:瑞芳庄、萬里庄、金山庄、七堵庄、貢寮庄、雙溪庄、平溪庄。

(二)殖民體制的建立

日治臺灣的政策共分三期

1. 無方針主義時期(1895～1919)

日本早期並無殖民經驗,以武裝鎮壓控制秩序,結果激起民怨,人民敢怒不敢言;兒玉源太郎為武官統治,採用後藤新平的「無方針」〔註76〕及「漸進」主義政策,尊重臺人的風俗習慣,借以迎合臺人消除反抗,但成效不佳。

2. 內地延長主義時期(1919～1937)

日本官方採高壓懷柔政策,一方面打擊抗日分子,一方面拉攏士人,對漢詩準予有限度的開放與鼓勵,因此詩社的建立如雨後春筍;高壓統治絕非良策,

---

〔註75〕雞籠砲臺數量與規模全臺第一。
〔註76〕後藤新平的「無方針」主義為生物學原則,順應民情施政,不可貿然改變舊慣。

遂改臺灣總督府由文官擔任，順勢迎全，禮賢下士，寬待詩人。基隆古典文學發展至日本昭和年間，可謂達於高峰階段，無論詩、詞、散文各類文體，都有基隆籍詩人之大量創作，堪稱人才輩出，使詩作雅章的內容更為豐盛，於濟濟多士的雨港，昭和時期，皆在前輩名儒許梓桑、李碩卿、陳庭瑞、王子清、張添進等帶領倡導下，眾多吟壇詩人，無不爭奇鬥異，各獻所長，為基津的古典文學留下不朽的篇章。〔註77〕文官總督治臺時的殖民政策為「日臺合一」、「內臺融合」，田健治郎治臺期間，治理方式比較溫和，任內完成數項改革，例如廢止笞刑、廢止小學教師配戴武士刀，到通過日臺共學制度、臺日通婚制……文官統治有益於詩社的發展，因此也成為臺灣古典文學發展的黃金時期。

3. 皇民化運動時期（1937～1945）

為使臺灣人成為忠良的帝國臣民，加強同化政策，於是採用日本禮俗，全臺民間書房消聲匿跡，詩社大受打擊，詩人的聚會與創作為之銳減；日本以政治力干涉文學創作，希望藉由知識份子的力量來幫助日人完成「大東亞共榮圈」的理想，並且舉行三次「大東亞文學者大會」作為統戰的工具，臺籍作家在這樣的環境中，不得不保持緘默態度。〔註78〕不過全臺各地仍有不少愛國詩人，化明為暗，不畏鐵蹄蹂躪，繼續薪傳中華文化，其中有兩位雨港愛國詩人：黃石養與黃景嶽，冤死獄中，壯烈犧牲，功在國家。〔註79〕

> **黃景嶽（1902～1945）　〈遣懷〉**
> 無心用世惟耽酒，有口逢人便說詩，
> 醉不願醒歌當哭，百年賣得幾多癡。

> **黃景嶽　〈呼渡〉**
> 伊誰隔水喚頻頻，古岸斜陽百感臻，
> 一艇浮沉撐意懶，舉世皆濁我獨清。〔註80〕

眾人皆醉我獨醒，卻又只能癡傻度日，舉世皆濁我獨清，卻無能力挽狂瀾，

〔註77〕陳青松，《基隆古典文學史》，頁119。
〔註78〕陳信元等，《臺灣文學》（臺北：萬卷樓圖書公司，2001年），頁15。
〔註79〕陳青松，《基隆古典文學史》，頁119、125。黃石養，黃石養又名黃斌，梅生，小鳴吟社社員，為李建興長婿，因瑞芳事件收獄冤死；黃景嶽，字種人，福建上杭人，後定居基隆，任「華僑鄞江吟社」社長，二戰結束前，遭日人冤獄致死，光復後入祀基隆忠烈祠。
〔註80〕基隆市政府文獻委員會，《基隆市志‧文物篇》（基隆：基隆市政府文獻委員會，1956年），頁28～29。

斯人獨憔悴，心急如焚，無可奈何花落去，黃景岳，可喻為現代屈原，憂國憂民，最後走向狂飆英雄的悲劇，含冤致死。

　　黃石養（1896～1945）　〈題破浪吟草〉

　　君因得意長沙月，萬里吾來共酒卮，

　　一夢長江秋正老，巴山夜雨更何時。〔註81〕

時光荏苒，把酒言歡在今朝，此刻共剪西窗燭，不問巴山漲秋池，如此一位性情中人，卻成為殖民時代下被犧牲的人物，含恨走向黃泉路。

　　日治期間，臺灣族群有臺人、日人、中國人，日本取得臺灣後，採高壓政策，後為安撫文人並培養新秀為日人效力，准於成立詩社，詩社以古典文學為主，所以古典文學也成為當時臺灣學術主流，詩人所作之詩也多傾向吟詩弄月、田園自然，少政治氛圍，故日本政府能夠接受，詩社於是遍地開花，惟基隆的詩社成立較晚，然基隆仍有不少詩社名人如顏雲年、許梓桑、周枝萬、石坂莊作等；由於基隆煤礦多，受日本統治者青睞，又基隆與日本位置最接近，寄寓基隆的日本人與日俱增，日本政府為照顧來基隆的日人及基隆港的日本官兵，因而在暖暖設自來水廠，因而有巴洛克式的抽水廠、暖暖淨水廠。〔註82〕寓臺日人對基隆情有獨鍾，有日人以漢字書寫基隆，例如：

　　神谷由道（號泳山）　〈基隆港〉

　　大小海旗檣上翻，通街人馬往來繁，

　　土泥成炭地中富，砂礫化金岩角尊，

　　解纜輪船若山動，連車軌道見龍奔，

　　轉輪朝夕水交陸，即是南瀛吞吐門。〔註83〕

　　中瀬秀（號溫岳）　〈基隆港〉

　　長鯤唯大海，物貨吐還吞，疊石成連壁，潔泥及厚坤，

　　巨船山泛水，高廈雪橫村，來往人千百，火蛇鐵徹奔。〔註84〕

繁忙的航運，貨品的出口進口，或是旅客的千百流動，大小船隻滿佈港內，市街熱鬧喧嘩，車水馬龍，正是「南瀛吞吐門」的繁華盛況寫照。日治中期，中國五四運動後，新文學（白話文學）之風東漸臺灣，未幾，新文學的聲勢凌

〔註81〕張添進，《破浪吟草》（基隆：基隆市立文化中心，2001 年），頁 69。

〔註82〕王國緯訪稿，頁 307。

〔註83〕石坂莊作，《基隆港》，頁 182。

〔註84〕石坂莊作，《基隆港》，頁 182。

駕以傳統文學為代表的詩社，昭和 5 年（1930）臺灣本地作家黃石輝提出「為
何不用自己的文字寫作」〔註85〕，亦即以閩南語書寫臺灣事，因此點燃第一
次鄉土論戰的戰火，不過詩社仍繼續存在，只是詩的創作已不如昔。昭和 16
年（1941）太平洋戰爭爆發，日本政府加緊對臺控制，推展皇民化運動，戰亂
的時代，局勢動盪不安，以致全臺的文學活動幾乎停止。

二、社團與刊物

　　日治時期基隆文學主要的社團是詩社，由詩社可窺見此時期基隆地區古典
文學發展之全貌，雖然學界有人認為當時的詩社，其作品多為擊缽吟，缺乏藝
術美學，但漢文化卻多依賴其保存。日治時期雖僅 50 年，卻是創作者最多，作
品最多樣化，發展也最成熟，而目前學界也以此一時期的研究成果最為豐碩。
〔註86〕日文、臺灣話文、中國話文、白話文、文言文，文體多元化，各取所
需，一時繁花似錦，呈現多彩絢爛的景象，基隆詩人菁英輩出，這是一個風
流儒雅的時代。

（一）詩社對在地文化之意義

　　日治時期基隆地區詩人在惡劣的政治環境之下，藉由詩社活動延續漢文
化，所以詩社的存在，對在地文化有特別意義，茲以民族意識的保存、漢學
持續的推廣、鄉紳文士的雅集、政治的附庸等四個面向，加以描述基隆詩社
對在地文化的價值。

　　1. 民族意識的保存：世界第一次大戰結束，美國總統威爾遜提出「民族
自決」口號，田健治郎總督提倡「內地延長主義」（1919～1937）因應，施行
同化政策，加速對臺灣人民同化，有識之士尋求對應作法，力圖保存漢文化，
並以互通聲息維繫漢民族意識，於是全臺各地詩社大獲文人支持。邱天來認
為：「將台灣割讓與日，遂使台民淪為異族統治下，使各界能詩人士處無可奈
何之境地，遂相率創社聯吟，以詩暗結同心，寓悲懷於詞章，托幽憤於杵
墨……」〔註87〕，未能完全順應民心的政治，也無法發揚文學，此時基隆本
地的作家心境，如此無奈。

〔註85〕黃石輝，〈為何不用自己的文字寫作〉，《伍人報》第九號（昭和五年1930年
　　　　8 月 16 日）。
〔註86〕廖振富，〈臺灣古典文學研究概述〉，《2006臺灣文學年鑑》（臺南：國家文學
　　　　館，2007 年），頁 102。
〔註87〕邱天來，《基隆詩社發展史》（基隆：基隆市立文化中心，2016 年），頁 12。

2. 漢學持續的推廣：光緒 15 年（1889）唐景崧任臺澎兵備道，於臺南官署成立「斐亭吟會」，引進閩地擊缽吟，公餘邀僚屬及當地文士雅集吟詠，喜作詩鐘，古典文學在此推波助瀾之下欣欣向榮，直至第二次世界大戰爆發，古典文學方受重挫。

3. 鄉紳文士的雅集：文人盛會是為雅集，日治時期文人雅集，顏國年「陋園」，林占梅「潛園」，皆是顏國年，林占梅結交詩友之場所，文人雅士歡聚一堂，其樂融融，在苦悶的時代，詩社的確是具有療癒的社會團體。

4. 政治的附庸：日本欲同化臺人，故廢書房〔註88〕，立公學校，以日文日語為治臺政策，漸次侵蝕漢文化，漢文化藉由詩社得以保存延續，這是基隆地區傳統詩社對古典文學的保存有很大的貢獻。

日本孝德天皇大化革新時，唐化運動使日本傳統文化深受儒家思想影響，另明治維新後接受西方文化，若要完全改造臺灣文化，日臺有文化重疊之慮，終有其困難之處，更由於政治上殖民統治之需，故日治初期對於詩社並未有太多干涉，只要不涉及叛亂，允其發展，古典文學方得在夾縫中求生存。

（二）正視擊缽吟和詩鐘的價值

學界對擊缽吟的見解為功過兩極化，歷來擊缽吟所為人詬病者，乃因限制過於嚴苛，禁錮士人創作思想，宛若八股文，甚且認為閒詠優於擊缽，因「擊缽無好詩」，而擊缽與閒詠之別，端在作者如何用字遣詞，擊缽吟活動，賦予詩人「以文會友」的媒介，詩社在日治時期，為臺灣文學的平臺，社員多為地方士紳、菁英，例如：基隆倪蔣懷為煤礦業大亨，瑞芳顏家也是煤礦世家，時常參與基隆詩社活動。

1. 擊缽吟

擊缽催詩，不僅是詩社本身可列為月課，同時社際之間、縣市交流，或年節喜慶等皆可舉行詩人聯吟，以促進詩友之情誼。擊缽吟之目的在於訓練成詩快捷及修詞技巧，並以提名給獎，與以鼓勵。擊缽吟唱，趣味又競爭，深受文人雅士喜愛。

大同吟社

〈藕絲裙〉　左許迺蘭　右陳日堯　氏　選

〔註88〕陳青松，《基隆古典文學史》，頁 119。

左九 清風

因風摺疊似波凌，恰與留仙並美稱，艷羨柳腰輕舞處，田田蓮葉暗
香凝。〔註89〕

如此文學競賽，即興成詩，有時間與文韻限制，如對聯上下句，一氣呵成，胸
藏文墨虛若骨，腹有詩書氣自華，在較勁中又有些趣味，文人樂此不疲。

2. 詩鐘

詩鐘是中國古代漢族文人的一種限時吟詩文字遊戲，大約在嘉慶、道光
年間的福建地區出現。詩鐘限一炷香功夫吟成一聯或多聯，香盡鳴鐘，故稱
之「詩鐘」。詩鐘吟成，再作為核心聯句各補綴成一首律詩，遊戲結束。詩鐘
也是詩的體裁之一，其規制與時限至為嚴謹；因為「詩鐘」是改作律詩中為
雙聯，故曰「改詩」，又曰「雕玉雙聯」，也有稱之為「折枝」或曰「詩畸」。
〔註90〕文人鬥智，風靡學界，高手盡出，當仁不讓。

鐘亭會詩鐘錄（1929年）

〈國梅〉魁斗格　詞宗　張筑客　選

（1）生才

國家妖孽多狐雉，眷屬神仙有鶴梅。

（2）一泓

國北何人還嚼雪，天南老圃獨開梅。〔註91〕

以國梅為題，字首為國，以梅收尾，此文字遊戲，相互鬥智，飲酒作樂，詼諧
逗趣，也是文人獨鍾。

梅花（單詠格，詩鐘）　基隆詩學研究會

墨撥浮香馨陋室，月移素影掛疏簾。　（蔣孟樑）

掛月橫枝開冒冷，入簾瘦影淡生妍。　（邱天來）

欲使冰魂留素影，端憑墨筆點新粧。　（黃國雄）〔註92〕

流寓或遊宦人士，在詩社活動上，引進「詩鐘」與「擊缽吟」之作，使臺灣詩
社活動從閒詠、課題的創作型態，增添競技遊戲的色彩。在日治初期以後，
更將之推廣至瀛社，也促使日治時期臺灣詩社的擊缽吟風氣更趨興盛。〔註93〕

〔註89〕清風，〈藕絲裙〉，《詩報》259號（1941年11月1日），頁13。
〔註90〕陶一經，《基隆市志‧藝文篇》，頁84。
〔註91〕張添進，《破浪吟草》（基隆：基隆市立文化中心，2001年），頁141～142。
〔註92〕陳青松，《基隆古典文學史》，頁268。
〔註93〕黃美娥，〈臺灣古典文學發展概述1651～1945〉，《臺北文獻》，頁223。

是時英俊雲集，相互切磋，風靡臺北與基隆。

（三）社團

全臺最後一所書院為基隆崇基書院，光緒 19 年（1893）由舉人江呈輝創設，為基隆唯一之書院。院址在嶺腳莊，即現在獅球山麓，蚵殼港河畔，俗稱水輕碪，今之仁愛區書院里。〔註94〕光緒 21 年（1895）春季落成，旋逢乙未割臺，基隆的崇基書院，好景不長，瞬息萬變。然而基隆的書房，在日治前期十分興盛，獨步一時，在書房教授漢學的老師有何秀才、羅慶雲、李碩卿、李國土、李碧山。其後日人之政治壓力漸增，且公學校日增，書房逐漸沒落。昭和 12 年（1937）年中日戰爭爆發，皇民化運動如火如荼地展開，公學校正式廢除漢文課程，全臺各地的書房也遭禁止。〔註95〕所幸石坂莊作於明治 42 年（1909），以一己之力創辦基隆有史以來第一座圖書館「石板文庫」，而這也是當時全臺惟一的圖書館〔註96〕，石板文庫的藏書量相當豐富，為漢文學留下一個生路。日本當局對詩社的組織、詩人的創作，大抵而言，相當的寬容和禮遇，所以在日治臺灣年間，全臺詩社之創立，至少有 70 多家，比晚清要足足多出 12 倍，可見日治時期，臺灣詩社之發展盛況。〔註97〕有關基隆傳統詩社創辦的景況，雖比中、南部的發展晚些，直到日治中期，基隆的詩社才紛紛成立，有小鳴吟社、復旦吟社、曉鐘吟社、大同吟社、網珊吟社……並在日本大正年間，舉辦過全臺最大規模的兩次詩人大會，為日治時期臺灣的文學史上，烙下最光輝燦爛的一頁。

1. 小鳴吟社

顏雲年於大正元年（1912）冬，在其豪宅舉辦詩人大會，隨後並成立「瀛、桃、竹」三社聯吟，公推顏氏為首任社長。直至大正 10 年（1921），顏雲年禮聘新竹名詩家張純甫、本市宿儒李碩卿等人，共同創組「小鳴吟社」，成為雨港有史以來第一家傳統詩社〔註98〕，小鳴吟社之創社意義深遠，據李碩卿「小鳴吟社序」所云：「新鶯學囀，雛龍試吟，小鳴也；鶴鳴九皋，雷轟百里，

〔註94〕陶一經，《基隆市志》卷六·文教志教育行政篇（基隆：基隆市政府，1957 年），頁 10～11。

〔註95〕陳青松，《基隆第一》（基隆：基隆文化局，2004 年），頁 4～12。

〔註96〕座落在今之臺灣銀行左側的空地。

〔註97〕陳青松，《基隆第一》，頁 39。

〔註98〕陳青松，《基隆第一》，頁 67。

大鳴也；有黃鐘之鳴，有瓦缶之鳴，有傳鳳之鳴，有晨雞之鳴，其鳴一也，而有大小之分。故凡物必先由小鳴而後能大鳴。」〔註99〕由於會員顏雲年、張純甫、李燦煌等人，本是臺北瀛社的中堅成員，所以小鳴吟社和臺北瀛社互動極為頻繁，曾經刊行詩集有《環鏡樓唱和集》、《陋園吟集》；小鳴吟社因顏雲年社長逝世，群龍無首，詩社亦風流雲散，天各一方。

2. 大同吟社

成立於昭和6年（1931），橫跨日治時期，直至光復後仍屹立不搖，持續活動，日治時期，參與成員幾乎包括整個基隆詩壇。每月開擊缽吟唱例會一次。根據《詩報》所紀錄，大同吟社從昭和6年至昭和17年（1931～1942），皆未曾中斷過其運作，為日治時期基隆地區最活躍的詩社，期間由許梓桑擔任社長，而昭和20年（1945）冬天，許梓桑逝世，改由陳其寅接任，執掌大同吟社社務，長達五十一年，為大同吟社中期以後的靈魂人物。許梓桑、陳其寅乃當代著名詩人，詩社在其謀劃下，積極推展漢學，先後出版《丁未夏季基隆大同吟社擊缽吟錄》、《大同吟社第一、二、三次詩人聯吟會詩草》，保存基隆大量文學之作，功不可沒。

（四）刊物

《詩報》本是由桃園詩人周石輝，創刊於桃園，當年聞名全臺詩壇的刊物，兩年後，改由基隆大同吟社社員張朝瑞、張元林父子負責發行，由於雨港吟壇詩人們的合心協力，眾志成城，使《詩報》在艱鉅的環境中，永續經營，成為日治後期昭和時代，全臺灣最重要的詩壇刊物，發行時間計約十四年（昭和五年十月三十日至昭和十九年九月五日 1930.10.30～1944.9.5），為日治時期漢文詩壇刊物發行最久的雜誌，更讓基隆人最引以為傲。〔註100〕《詩報》發刊詞揭示「改隸以還，臺灣漢學之所以維持者為詩，道德所賴以維持幾分者，亦惟詩」，又依該報主旨第四點載以：「學校已廢漢文，書房不容易設，鼓舞漢文惟詩社詩會可以自由，故不可無發表機關」。〔註101〕綜上觀之，以日治時期之時空背景及政治環境而言，《詩報》延續漢學研究，《詩報》具承先啟後之歷史意義，為研究日治期間臺灣文學極珍貴之史料。

〔註99〕陳青松，《基隆第一》，頁39。
〔註100〕陳青松，《基隆第一》，頁120。
〔註101〕林文睿，〈臺灣文學瑰寶風華再現──《詩報覆刻》序〉，《詩報：日治時期臺灣傳統文學大成（1930～1944）》（臺北：龍文出版社，2007年），序。

　　《詩報》所刊登全省詩友之詩稿雅作，內容多為各詩社的擊缽吟錄，以及婚喪節慶酬酢的詩文，掌握當時各詩社及傳統文學活動的實況，讓文人彼此交流更頻仍，可謂日治時期臺灣傳統文學之大成（1930～1944）。中日戰事日緊，人人岌岌可危，張氏父子仍一本初衷，依舊在困境中繼續發行，直至美軍大空襲，只好結束《詩報》的印行。〔註102〕《詩報》對臺灣古典文學之薪傳與保存中華國粹的貢獻良多。如陳阿火（1902～1964），別號道南，臺灣基隆人，《詩報》發表作品，基隆八斗子八景八首之六〈鷺渚聽濤〉

　　　　卜居江畔結茅廬，澎湃津門月上初。震耳潮聲常入枕，驚心酣夢已

　　　　全除。徘徊北岸波光灧，睥睨南湖樹影虛。浮水輕鳧翻浪裡，銀山

　　　　搖動吼鯨魚。〔註103〕

《詩報》是當時傳播文人詩作訊息極佳管道，由基隆八景詩延伸基隆八斗子八景詩，文人展現自我長才，也可擇善學習，《詩報》可謂是文人相互琢磨的共同舞臺。

三、作家作品

　　日治時期的文人作品主題趨向自然學派，寫實風格總會引起不必要的猜忌，詩社的黃金時期是在文官統治時期，政策較為溫和，詩社大盛，詩也成為日治時期學術主流。

（一）詩

1. 顏雲年（1875～1923）

　　顏雲年，字吟龍，自號「陋園主人」，基隆廳人，日治時期臺灣第一礦，雅好詩文，擔任「小鳴吟社」與「瀛桃竹聯吟社」社長。著有《環鏡樓唱和集》、《陋園吟集》。〔註104〕顏雲年跨足商界、政界及詩壇，是當時基隆望族，建有「陋園」大型莊園，成為基隆詩社聚會之地，大正元年（1912）11月其豪宅「環鏡樓」落成，舉辦全島詩人聯吟大會，盛況空前，被臺北詩壇耆宿賴子清譽為開臺以來，本省第一次的全臺詩人大會。〔註105〕顏雲年的摯友許梓

〔註102〕陳青松，《基隆第一》，頁177。
〔註103〕陳阿火，〈基隆八斗子八景八首之六鷺渚聽濤〉，《詩報》，第226號（1940年6月27日）。
〔註104〕陳青松，《基隆古典文學史》，頁68～69。
〔註105〕賴子清，〈古今臺灣詩文社（一）〉，《臺灣文獻》第10卷第3期（1959年9月），頁105～106。

桑，長期服務基隆政界，同時鼓吹詩學，顏雲年與許梓桑經常一同參與詩社活動，藉由他們兩人之間的互動故事，也可推知日人統治之下臺灣仕紳們的日常活動。

顏雲年　〈新居落成自題〉

擇地營居歲兩周，千年家計費綢繆，

一枝欲借聊求穩，百事未成祗自羞，

觀海人多傷鶯嶼，登樓我喜看獅毬，

但教兒輩同安樂，名利無心與世謀。〔註106〕

顏雲年　〈遊月眉山靈泉寺〉

山高寺遠白雲深，暮鼓晨鐘響樹林，

十里靈泉開法界，一灣明月照禪心，

孤雲片石供清賞，擊缽敲詩費苦吟，

到此俗塵全不染，閒來無事喜相尋。〔註107〕

顏雲年雖富甲四方，掌握黃金、煤礦的大企業，人稱「炭王金霸」，卻樂善好施，得九份金山權利，分惠他人，捐建學舍嘉惠學子；大正10年（1921）顏雲年商而優則仕，出任臺灣總督府評議會評議員。由顏雲年字裡行間得知其無功名利祿之心，「但教兒輩同安樂，名利無心與世謀」，希得天倫之樂勝於名利，「到此俗塵全不染，閒來無事喜相尋」紅塵是非不到我，有端木遺風，善貨殖，義以求利，君子愛財，取之有道，為後世商界所推崇，顏雲年堪稱磊磊落落一「儒商」。

2. 周枝萬（1911～1993）

臺灣位於日本、菲律賓航道的中點，東亞島弧的中央，基隆豐富的煤產，成為海上強權覬覦的目標，舉凡明崇禎15年（1642）的西荷戰爭、1660年間的鄭荷戰爭、道光19年（1839）的鴉片戰爭、光緒10年（1884年）的清法戰爭到光緒21年（1895）甲午戰爭後發生的乙未戰役，皆因雞籠的戰略地位及豐富的煤產物資，爭端四起。清緒10年（1884），清、法因安南（今越南）的屬地歸屬權而開啟戰端；法征戰安南未果，轉戰臺灣，雞籠豐富的煤礦，使法軍急欲拿下基隆重地。〔註108〕同年8月5日法軍孤拔提督率軍進犯雞

〔註106〕顏雲年，《環鏡樓唱和集》，頁17。

〔註107〕石坂莊作，《基隆港》（臺灣日日新報社，大正6年（1917）），頁190。

〔註108〕十九世紀最重要的能源是煤礦。

籠，歷經清軍強烈的抵抗及本地惡劣的氣候〔註109〕，終使法軍敗退。清法戰爭，因劉銘傳駐守基隆，劉敖總軍二十一營，僅予劉銘傳五營，軍備不足，所以結合地方鄉勇對抗法軍，於是基隆淪為清法戰爭的戰場；法國攻打基隆有二次，一在仙洞，被劉銘傳砲擊而退，另在和平島登陸，法軍從基隆港、紅淡山、月眉山一路到過港的溪西股，基隆人與法國軍隊隔基隆河開戰，戰況激烈。清法戰爭時周印頭（周玉謙）、王廷理領導的鄉勇死守暖暖，於金山寺後方所建築的戰壕仍留有遺址。在清法戰爭中，基隆暖暖有十四人死亡，先將屍體埋在今之基隆環保局旁，稱為勇士公墓，後有五個人由家族領回，所以又稱九勇宮〔註110〕，之後又有陸續放進去的，現在不知道有多少屍骨，所以又改稱為勇士宮，日軍來了之後，將勇士宮的碑文，名氏塗掉，主要是要毀掉民族意識，而法軍死亡者則葬在今之基隆暖暖中學內，但死亡法軍，家屬已悉數將其遺骨遷回法國安葬。〔註111〕

清法戰爭時民間傳頌「西仔（指的是法蘭西）來打咱臺灣，大家合力來打番」，意味族群逐漸有共識：齊力對抗外敵，在暖暖因戰爭而死的烈士遺骨安置在勇士宮，勇士宮的碑文因異族統治而消失，至今已無人在意這些烈士，他們的故事不該被遺忘，英靈埋骨處，荒煙漫漫，一次的偶遇，希望抗法勇士終能重見天日。

周枝萬，基隆人，大同吟社社員，並懸壺濟世，才華洋溢，詩文競技的常勝軍，也為這段慘烈的歷史寫出緬懷詩：

周枝萬〈憶抗法先烈暖暖周玉謙〉

靜裡無端感昔時，玉謙義舉抗紅夷，

慨然兵餉供三月，倏爾鄉軍萃一支，

牛竈砲轟民振臂，雞籠血濺敵陳屍，

法人貪戾餘荒塚，蓬島千秋樹漢旗。〔註112〕

崑崗玉碎鳳凰叫，石破天驚逗秋雨，一場戰爭，日月無光，也正顯示基隆人堅強不服輸的民族風格。當蓬島千秋樹漢旗，心中湧起一股驕傲，走在基隆暖暖老街上，俯仰之間，充滿歷史情懷。

〔註109〕夏季為颱風季節，若無颱風，天候乾熱，法人水土不服。

〔註110〕王國緯訪稿，頁305。

〔註111〕余福海訪稿，頁300。

〔註112〕暖暖區安德宮古今名人碑文。

3. 基隆紀遊

基隆港的規畫始於劉銘傳，完成現代化的基隆港卻是在日治時期，基隆是日本進入臺灣的玄關，中國人來臺者亦是，或旅遊或辦事，對基隆總是留下印象。隨著基隆港的開發，寓居或旅居基隆者日眾，期間不乏文人振筆書寫基隆，形成一股特殊的基隆遊記。

林玠宗〈登基隆月眉山記〉　1932 年

殿宇巍巍、巖巖佛像、禪堂優雅、前後客廳俱全、八方萬卉百穀、滿路奇花異草。〔註113〕

江祖蓍〈舟底基隆喜晤張純甫〉　1932 年

扁舟拂曉抵東瀛，喜遇知交笑語傾；海上盤桓懷舊侶，天涯邂逅數離情。不堪回首風塵老，無限驚心歲月更；一別適才經四載，人間似已隔三生！〔註114〕

王弘願〈基隆〉　1926 年

萬里海天日益東　前朝舊事憶成功　船來載得滄桑感　滿眼青山入基隆。〔註115〕

蔡敦輝〈登基隆月眉山題靈泉寺〉　1927 年

禪心無掛礙	詩思自清新	欲作逍遙客	來尋脫俗人
不談名利事	只說去來因	見佛般勤拜	認他假作真
三塔欲摩空	登臨興不窮	鳥飛天地外	人在有無中
雙腳穿雲冷	翠山帶雨濛	雞籠何處是	招手問樵童
酷愛靈泉寺	禪房草木閒	談經猿解聽	入定鶴知還
地僻塵難到	林深夏亦寒	憑欄不歸去	明月照空山
古寺風霜久	孤鐘扣夕陰	雲封千嶂白	雨霽一林深
明月為詩料	靈泉當海音	不知僧睡後	寺外獨行吟〔註116〕

〔註113〕林玠宗〈登基隆月眉山記〉，《南瀛佛教會會報》第 10 卷第 6 期（1932 年），45 頁。

〔註114〕江祖蓍〈舟底基隆喜晤張純甫〉，《臺灣詩薈》第 21 期（1925 年），7 頁。

〔註115〕王弘願〈詩海：基隆〉，《世界佛教居士林林刊》第 15 期（1926 年），17 頁。王弘願，潮州人。

〔註116〕林述三、蔡敦輝，〈詩選：登基隆月眉山題靈泉寺〉，《南瀛佛教會會報》第 5 卷第 5 期（1927 年），頁 53。

林淑平〈基隆港泛月〉1931 年

煙水蒼茫天際流　　涼風微度掉輕舟

一輪輾破秋雲碧　　萬頃橫來畫舫浮

楫擊空明仙洞去　　歌傳窈窕海關秋

清輝蕩漾真堪思　　赤壁蘇公遜此遊

基隆港口水漫漫　　駕浮輕舫素影寒

萬里清輝牛渚似　　一篙蕩漾海門寬

嫦娥私下篷窗語　　名士偷從赤壁觀

夜靜移舟仙洞去　　澄波皓魄兩堪歡〔註 117〕

日治時期的基隆，已具現代化規模，寓遊基隆之文人日增，不論是訪客與賞景，文學作品仍多以遊歷基隆為書寫對象，地景詩儼然成為一股潮流。

（二）詞

張景祁〈秋霽：基隆秋感〉　1934 年

盤島浮螺，痛萬里胡塵，海上吹落。

鎖甲煙銷，大旗雲掩，燕巢自驚危幕。

乍聞唳鶴，健兒罷唱《從軍樂》。

念衛霍，誰是漢家圖畫壯麟閣？

遙望故壘，毳帳凌霜，月華當天，空想橫槊。

卷西風、寒雅陳黑，青林凋盡怎棲託？

歸計未成情味惡。

最斷魂處，惟見莽莽神州，莫山銜照，數聲哀角。〔註 118〕

〈秋霽：基隆秋感〉為張景祁對清法海戰憂國憂民之詞作，清軍並非無戰鬥力，但因朝廷無能，致使基隆危如累卵，在沉痛中失望，其實張景祁宦遊臺灣，對此深感切膚之痛，無淚可揮唯作詞。

（三）散文

石坂莊作（1870～1940）

石坂莊作家風承襲日本傳統武士道的精神，「忠君愛國」的信念根深蒂固，

〔註 117〕林淑平，〈基隆港泛月〉，《詩報（臺灣）》第 22 期卷（1931 年），頁 4。林淑平，（1864～1941），臺中州南投草屯人。

〔註 118〕張景祁，〈秋霽：基隆秋感〉，《文藝掍華》第 1 卷第 5 期（1934 年），頁 49。張景祁，浙江錢塘人。

具有深厚的漢學基礎,並受到中國孔孟學說的熏陶,對日後他到臺灣的發展,影響至深且鉅。〔註119〕日人石坂莊作寓居基隆三十餘載,博學多能富而好禮,對臺灣的文史、教育與圖書館事業,不遺餘力。明治32年(1899)出版《臺島踏查實記》,明治40年(1907)、明治43年(1910)付梓《臺灣寫真帖》與《私立石坂文庫年報》〔註120〕,號稱臺灣圖書館之父。

1. 石坂莊作《臺島踏查實記》

大東學人木下新三郎為序曰:

> 石坂莊作君,曩從軍臺島,爾來四年,遍歷各地,自山川、地理、風俗、物產、至各蕃族,能悉其源委,乃編成一書,名曰《臺島踏查實記》。文章平易近俗,而其記事博而得要,明如觀火,亦足以資世之論,臺事者津梁矣。夫空言華詞,雖雅無益於世者何如,俗而有益於世如此,編者哉,乞序言,乃書此以弁卷端。〔註121〕

石坂莊作走訪台灣各地,自然山川風俗舊慣,收錄成書,臺灣日日新報社主筆木下新三郎在序文中提及《臺島踏查實記》內容廣泛,為日治時期臺灣社會發展的綜錄。

2. 設立圖書館

陳青松曰:

> 本島(臺灣)讀書界之現狀,似不無遺憾。即全島中無一完全之圖書館,坊間所鬻者,只有朝刊暮廢之雜誌,不然則禆史之小說耳;個人中可稱藏書家者絕少,雖有深思好學之君子,亦惟徒喚奈何而已矣。…領臺十五年,則增進一般之智識使之滿足,導社會而使之好學…,因為當務之急也,圖書館建設一事,尤烏可以已耶。〔註122〕

石坂莊作至臺灣各地實察,遺憾全島無圖書館,此乃石板莊作設立圖書館之濫觴,石板莊作魁然儒者流,施士洁(1853～1922)以詩歌詠:

> 四部七略寄兼收,饋貧糧與益智粽,食德已足傳千秋。鷩門寄我新書目,何意鯫生飽眼福,世間無復曹石倉,石室名山君所獨!七鯤老民語劫灰,劉莊鄴架安在哉?祖龍一炬莽回首,群玉秘府今蒿萊。

〔註119〕陳青松,《曠世奇才的石坂莊作》(基隆:基市文化,2006年),頁23。
〔註120〕陳青松,《基隆古典文學史》,頁62。
〔註121〕陳青松,《基隆古典文學史》,頁62～63。
〔註122〕陳青松,《基隆古典文學史》,頁64。

君山藏書識絕頂，豫種硯田千百頃；我歌此詩遙祝君，寸私兼為臺

人幸。〔註123〕

石坂莊作在臺興學、設立圖書館，作育臺灣英才，竭盡全力；又千里行腳記
錄臺灣風俗民情，成為研究臺灣的史料，對臺灣貢獻頗大，日人治臺後多橫
暴恣睢，以征服者自居，石坂莊作獨能守德履義，民胞物與，大愛臺灣，故基
隆市民至今猶多追思之。

（四）賦

許梓桑（1874～1945）號迺蘭，為大同吟社首任社長，著有《慶餘堂詩稿》：

臺北廳基隆堡基隆街土名新店八十六番地。許桑梓，基隆區長也，

幼少養于基隆賈人許某為其嗣，為人溫厚篤實，處事最圓滑，明治

三十四年十二月授佩紳章，三十六年一月擢用基隆街庄長，謹恪勵

精，克守厥職，德望最高。〔註124〕

許梓桑是基隆當地知名士紳，德高望重，除擔任公職參與地方事務外，在基
隆詩壇也占有一席之地。許梓桑的〈基隆八景〉膾炙人口，八景詩可取之處，
乃以區域自然風光之角度，加以書寫，無形中對在地文化予於保存。由於詩
人真實描繪景觀，乃第一手資料，為歷史作見證，後世的人們，無論經過多
少歲月，儘管滄海桑田亦可還原當時的自然風貌。清代入主臺灣後，有多位
宦遊之士抵基隆，以地景為賦作，如高拱乾〈臺灣賦〉，洪繻〈澎湖賦〉，另有
陳授時〈恭賀新禧賦〉〔註125〕等。〔註126〕在清領時期基隆古典文學中，從
未出現過基隆籍名士的「賦作」〔註127〕，日治前期的明治時代，《全臺賦》有
兩則的「賦作」，一則為許梓桑，另一則為劉繼文。

許梓桑〈繼文德馨賦〉

話陳千言，理通一世。諸君樂乎逍遙，大眾稱矣妙諦。……。佛行惻

〔註123〕施士洁（撰於1910年），字嘉應，臺南人，光緒3年（1877）進士，見《後
蘇龕合集》（臺北：臺灣銀行經濟研究室（《臺灣文獻叢刊》第215種，1965
年），頁193。

〔註124〕鷹取田一郎，《臺灣列紳傳》（桃園：華夏書坊，2009年），頁26。

〔註125〕記載陳授時1864～1925，字欽甫，宜蘭人，1899年遷居基隆，設帳傳經，
1901年獲佩紳章。見鷹取田一郎，《臺灣列紳傳》，頁27。

〔註126〕許俊雅、吳福助，《全臺賦》（臺南：國家臺灣文學館籌備處，2006年），頁
32～33。

〔註127〕陳青松，《基隆古典文學史》，頁58。

隱，而施甘泉；仙本慈悲，是我呂帝。荷葉初開，寒梅一歲。設鸞堂，大振神通；行宇宙，和衷共濟。集書全章，能除百弊。鑒錄諭生，猶如賢契。正喜文興，又思善繼。

……人生一世，不過百齡。種好心地，刻記盤銘。澡身浴德，窮理橫經。學孔孟之書史，尊仙佛之典型。效左、羊，信手朋友；繼管、鮑，興於家庭。善由己作，福降天廷。如竹苞矣，如蘭斯馨。

茲當陷溺人心，紛紜世務。聖神大發慈悲，仙佛重施雨露，笑世人恥廉盡喪，莫具天良；願諸君禮義存心，永懷大數。但文既可推，德又堪慕。蒙恩師閱稱吟詩，故周也留心詠賦。〔註 128〕

依據《全臺賦》的記載，許梓桑曾於基隆街城隍廟開設淨壇，署名為「正心堂」，編撰有《挽世金篇》等經文書多冊。而劉繼文，則是基隆正心堂之鸞生，師徒倆各撰一文〔註 129〕，賦文內容以勸世為主，許梓桑高風亮節，衣冠不改舊儒巾。

第三節　中華民國到臺灣時期

一、時代背景（1945～2019）

1937 年中日戰爭爆發，日本政府為加速皇民化運動，欲切斷臺灣與中國文化臍帶關係，若要發表作品，大多以日文書寫，有些作家也被分發到農村、工廠、礦坑等地，被迫寫出所謂的「皇民文學」〔註 130〕，戰後本地作家在自己的國度，再度遭遇相同的際遇，由於國家政治力的涉入，所以歌頌政治人物之作屢見，也難免會招來馬屁逢迎之譏，只不過在戒嚴的情境下，又難以顯露出反對的態樣，只能消極轉化，本地作家與外省作家兩樣情，人在江湖，莫奈何。

1949 年，國共內戰，國民黨失利轉進來臺，大量軍民隨之渡臺，其中不少公務員頗有才氣。蔣中正為防止共產思想擴張和活動，宣布臺灣省戒嚴，限制人民言論、出版、集會、結社等自由，強力壓制反對勢力，形成「白色恐

〔註 128〕許俊雅、吳福助，《全臺賦》，頁 353～354。
〔註 129〕分別收錄於《挽世金篇》山部第七卷（基隆：正心堂，1900 年），頁 1～2 與57～58 頁。
〔註 130〕黃英哲編，《臺灣文學研究在日本》，頁 171。

怖」；此時期來臺文人有許多是主古典文學派者流，為臺灣古典文學注入新血，從此臺灣文學古典與新文學涇渭分明。

戰後國民政府的文藝政策，明顯傾向新文學，在「中華文化復興運動」期間的相關活動，如所舉辦文學創作獎，多屬新文學領域，古典文學明顯居於劣勢，乃因為新文學創作所推動的「言文一致」，較古典文學更具實際效益；由於言文分離使得古典文學閱讀與寫作成為特殊技藝，又教育目標只在於閱讀，若無深厚漢學基礎難以創作，且課綱修改文言文篇幅逐漸減少，作文也以白話文居多，故古典文學書寫的教學，僅有大專院校的中文系與通識課程，因此古典文學的傳承也倚賴大專院校培育新秀，地方詩社也是孕育古典文學菁英的搖籃，唯有學校教育與地方詩社結合，方能開創古典文學研究的新局勢。

1990 年起，教育部開始建構臺灣學術網路，於是大專詩社紛紛在各校的 BBS 網站成立社團版面，提供詩社成員交誼、討論的空間，漸次開啟網路古典文學的風氣。古典文學仍以詩作為主要體例，古典文學隨著潮流步入網際網路中，古典文學的創作在網路上陸續發表，進而帶動網路詩壇的興起，黃鶴仁於 2002 年成立「網路古典詩詞雅集」，並在網路發行《詩訊電子報》〔註131〕，持續迄今（2019），是雨港青壯派古典詩人中，第一位將基隆古典詩學，舖在「網際網路」，拓廣至全球，與國際古典詩壇接軌〔註132〕，而後基隆詩學研究會也繼之在網路上架設網站〔註133〕，此舉代表著基隆亦跟著潮流不落後，擔負著基隆古典文學的傳承使命。

二、社團與刊物

1949 年國民政府轉進來臺，來自中國大陸的外省人民大量湧入臺灣，其中不乏古典詩人。外省詩人將臺灣視為桃花源，因消極上可避免共產黨之禍

〔註131〕陳青松，《基隆古典文學史》，頁 403。《詩訊》電子報臺灣魅力站：http://maillist.to/hz 上海魅力網：http://sh.mail163.to/hz 取自 2019 年 10 月 5 日。連結藝詰板公告與注意事項，網路古典詩詞雅集，有優質古典詩詞創作發表區、各類徵稿活動辦法、演講……等資訊。

〔註132〕陳青松，《基隆古典文學史》，頁 415。

〔註133〕黃鶴仁（1961～），字號壽峰，南山子，曾任基隆詩學會理事，著有《李漁叔「花延年室詩」研究》等書，基隆詩學研究會網站：http://www.poetrys.org/phpbb2/viewtopic.php?f=12&t=4044 取自 2019 年 10 月 5 日。

害，積極上足以為安身立命之地。在日治時期，古典文學的正統實來自中國漢文化，是故臺灣詩人的漢文化背景，促使外省詩人較本土詩人擁有更大的發言權〔註 134〕，而經過五十一年的文化隔離，兩地文學的發展背景、地理環境、思維方式皆不同，於是孕育出風格迥異的文學作品。

（一）社團

基隆詩社活動在日治後期已悄然結束，臺灣光復之初，僅有復旦、大同兩家吟社，大同吟社仍為基隆最重要的詩社，活動極為頻繁，然而正值全臺古典文學青黃不接之際，1949 年國民政府轉進臺灣後，來自各省籍的碩達鴻儒，與臺灣本土的文人相遇，激盪出臺灣古典文學嶄新的天地。基隆長期以來一直是國民黨執政，直到 2014 年才為民進黨執政，期間古典文學學者風格秉持日治時期的保守風格，僅是風花雪月自然景觀與懷鄉書寫、應景詩作而已，對政治敏感度很高的二二八事件幾乎不言。至於戰後迄今（2019）的古典文學（以古典詩為主），曾在政治力的護航下大放大鳴。

1. 大同吟社

1945 年光復是年，大同吟社首任社長許梓桑羽化後，公推陳其寅為第二任社長，資深社員除前輩的張鶴年、周枝萬、陳阿火、王金火、陳泰山、張元林、周植夫、陳祖舜、劉春榮外，因地利之便，居住在基隆的中國籍文人加入行列，如陶芸樓、謝敏言、李向榮、應俠民等，使大同吟社成為「由各省籍社員」組成之詩社，在當年堪稱為全臺罕見的詩社。

陶芸樓（1898～1964）　〈基隆夏景晚涼感懷〉

海風天際撼波濤，新浴身輕欲駕鼇；

暫得偷閒聊駐足，浮生無計慰塵勞。〔註 135〕

寓居基隆的中國籍文人，面對離鄉來臺的複雜愁緒，「不覺對景感懷，自去依欄垂淚」〔註 136〕，因此藉物基隆思及故往，此為飄洋過海到異域之人的心聲淚痕。

〔註 134〕陳登武，《臺灣全志──卷十二文化志・文化事業篇》（南投：國史館臺灣文獻館，2009 年），頁 20。

〔註 135〕陳青松，《基隆古典文學史》，頁 190。陶芸樓，原名暉，以字行，浙江紹興人，光復初寓居基隆，為雨港第一位「四絕」詩人畫家，著有《藝樓詩稿》、《藝樓印存》。

〔註 136〕曹雪芹，《紅樓夢》，（臺北：喜美出版社，1982 年 3 月），頁 810。

2. 海風吟社

海風吟社創立於 1953 年春,主要成員為隨國民政府播遷抵基隆的公務人員,社員共推計進一為社長,王超一為副社長,皮俊元為總幹事,聘請詩人畫家陶芸樓為顧問,曾出版《海風詩壇》創刊號。這些來臺的公務員詩作多以憂國、鄉愁、歲月、感懷為書寫內涵,後因各社員公務繁忙,社務遂告中斷。

計進一〈山居〉

午夢初殘日正長,暖風時送豆花香,

不知紅了櫻桃否,隔院芭蕉綠過牆。〔註137〕

紅了櫻桃綠了芭蕉,韶光在櫻紅蕉綠的季節轉移下悄然逝去,紅杏出牆春意在鄰家,芭蕉過牆卻是感嘆歲月流逝。芭蕉美學是文人摯愛,常藉芭蕉傳情,雖然有時種了芭蕉又怨芭蕉,是君太無聊,雨打芭蕉聲聲泣,或為傷別離或為思友人,芭蕉以一身瀟灑的綠,撩動文人雅士的癡迷。

3. 雙春吟社

雙春吟社,創立於 1972 年秋,原為基隆長春俱樂部詩詞組,與部分退休公職人員詩友共同組成,每月聚餐,輪流舉行聯吟,並限定課題。1984 年甲子歲,正逢節氣有兩次立春,於是定名為『雙春吟社』。社員有陳軼珍、姜惕生、易中達、王篤生、黃漢英、周蘋仙、許景文、陶一經、康達可、王幼芝、吳錫瑞等人。早期多是退休人員,後來新進社員有秦鑫、馬希伯、陳祖榮、李梅庵、張星寰,以本市前輩書畫家居多。前三任社長分別是姜惕生、陳軼珍、易中達。於 1985 年起每隔五年編印《雙春吟草》,現已經出版三集詩,並於 1989 年出版《雙春詩會吟草》第一輯。〔註138〕

易中達(1914〜2006) 〈雙春詩社十週年慶〉

雙春集社十年慶,耄耋吟儔共綺筵,鷗鷺同盟研古典,鄉朋聚會詠

時賢;蜩螗國事時無濟,羈旅匹夫力已捐,風雅扢揚宏國粹,高歌

酬唱樂堯天。〔註139〕

依中國內地的習慣,逢 5 周年及 10 周年之時均會隆重慶祝,以取完滿之意,

〔註137〕陳青松,《基隆古典文學史》,頁 196。計進一,字笠雪,號匡廬餘子,江西廬山人,光復後抵基隆,創海風吟社,並任社長。

〔註138〕陶一經,《基隆市志‧藝文篇》,頁 93。

〔註139〕陳青松,《基隆古典文學史》,頁 334。

且希望能營造喜悅氣氛，共同分享節慶的歡愉，基隆詩社每個 10 周年慶皆是社務大事，題詩誌慶多出自詩社大老或社長之手，以示慎重與重視。

國事蜩螗紛紛攘攘，身在異鄉之人已為國盡力，隱含悲戚之意，因此藉在詩社特別的日子，一書己懷，亦是來臺旅居公務員的一致觀感，僅能以創社宏揚國粹，吟唱高歌自娛逍遙。

4. 基隆詩學研究會

1979 年 11 月 4 日基隆成立「基隆詩學研究會」，創會的會員皆為基隆當年中生代的後起之秀，且多數為基隆謎學會的資深學者，有陳祖舜、陳兆康、王前、邱天來、魏仁德、蔣孟樑、黃國雄、劉宗、鄭水同、陳彥宇、陳欽財等詩家；創會理事長為邱天來。初期聘請陳其寅為顧問，周植夫為指導老師。1977 年初夏出版《海門逸韻》乃各詩家的集體創作，於 1985 年 11 月 10 日付梓詩學會首冊詩集，題為《海門擊缽吟集》第一集。〔註 140〕

杜萬吉〔註 141〕（1905～2002）　〈基隆市詩學研究會成立誌盛〉

採微啟秘竅深通，教有名師繼馬融，雨港詩催新舊雨，風騷文振漢唐風；班追玉筍聯吟詠，譜契金蘭貫始終，吳下阿蒙非昔比，喜看佳句碧紗籠。〔註 142〕

詩社成立乃一大喜事，書寫創社成立誌，旨在說明社務運作，有名師陳其寅、周植夫指導玉筍班人，風騷基隆文人非昔日吳下阿蒙，社員情誼比金蘭，一望詩社前途一片光明，處處充滿喜悅。

基隆詩家專輯如張添進《破浪吟草》、陳祖榮《楚雲吟草》、周植夫《竹潭詩稿》、邱天來《海天詩草》、陶一經《味雨集》、蔣孟樑（字夢龍）《蔣夢龍百聯創作集》……集體創作如《環鏡樓唱和集》、《海門擊缽吟集》、《懷德樓詩草》、《雨港古今詩選》、《雙春詩集》、《雨港春燈》第一、二、三集……，都是一時之選，足見基隆地傑人靈，人才多如恆河沙數。

（二）刊物

《詩文之友》是臺灣光復後，基隆詩人作品時常刊載的刊物，其創立於 1953 年，宗旨為「整理文化遺產、發揚民族精神」，目的在以詩刊的形式，以

〔註 140〕陶一經，《基隆市志・藝文篇》，頁 93。
〔註 141〕杜萬吉，字號遁祥，第 5 任「瀛社」社長，中華民國傳統詩學會名譽理事長。
〔註 142〕陳兆康、王前《雨港古今詩選》（基隆：基隆市立文化中心，1998 年），頁 131。

文會友，促進古典詩人的交流和互動。《詩文之友》是屬民間詩社系統，由月刊後改為雙月刊，前後長達 40 年之久，是戰後臺灣活動最長、發行期刊數量最多的詩文刊物〔註143〕，最後仍不敵歲月流逝，時代變遷，愀然走向歷史。以下為林正三在《詩文之友》所發表的作品。

林正三（1943～）　〈殘暑〉

盾日無慚勢已微，猶從禹甸逞餘威；

佇看一夕涼風起，逐盡炎氛迴不歸。〔註144〕

殘暑，時至夏末暑氣尚未消，仍在九州持續發熱，直至殘暑時盡，炎氣散，清風方自回。

昔時文人十年寒窗無人問，一舉成名天下知，現今只要有才學者，在書報刊物媒體發表，隨時可「名揚天下」，《詩文之友》，是當時古典學派的文人極為重要的伸展臺。

三、作家作品

（一）創作主題取向與變革

1945 年臺灣光復，作家可用日文或漢文創作，隨己之愛，創作空間變得自由且寬廣，然在 1946 年 10 月，國民政府悍然「推行國語，禁用日語」，繼之 1951 年學校教育嚴禁方言〔註145〕，此舉無異加深人民與政府之間的代溝，日後更是阻斷日文作品的發展；文學本不分國界，因政治因素已對臺灣文學造成嚴重的傷害。「推行國語，禁用日語」，目的在切斷日治統治的餘毒，使用本國母語，關係著國家的尊嚴與社會的發展，而統一語言有助於臺灣與大陸之間的隔閡排除，很明顯政治影響文學甚鉅。文學藉文字表現，使用的文字，關係文學的內涵，詩歌對文字尤其敏感，在日治教育體制之下，本省青年多以日文為溝通媒介，況且 1945 年國民政府接收臺灣，距 1946 年僅一年時間，所謂「國語」無法普及臺灣各地。〔註146〕明治 28 年（1895）日治臺灣開始至昭和 12 年

〔註143〕林翠鳳，〈論洪寶昆與《詩文之友》〉，《中國文化月刊》312 期（2006 年 1 月 2 日），頁 22～40。

〔註144〕林正三，〈殘暑〉，《詩文之友》424 期（1990 年 5 月 1 日）。林正三，字立夫，曾任基隆市仁愛國小中原正音班詩學及閩南語聲韻講師，著有《詩學概要》等。

〔註145〕方言即地方語言，在當時除國語外皆為方言，在台灣地區所使用的語言即為臺語，臺灣為多元族群地區，以閩南語為主。

〔註146〕楊雲萍，《臺灣文化》第 1 卷第 2 期（1946 年 3 月），頁 1。

（1937）皇民化運動，經過約 40 年的語言過渡時期，臺民已能接受日語與日文，反觀中華民國到臺灣官方推行國語政策，可謂操之過急。

臺海分離五十年，官方希望以語文為橋梁，拉近兩岸的距離，但卻使人民、文人創作陷於困境，接踵而來的二二八事件，官逼民反，臺灣原對「祖國」的期望落空，反而產生對「祖國」的仇恨，被迫從一種語言轉換成另一種語言，這是群族被霸凌，在政治強烈的脅迫下，若要生存只能委曲求全。

（二）作家作品

早期文人雅士多來自基隆詩社，對土地抱著無限之愛，愛自己的故鄉，寫自己的故鄉，基隆為一山城，所以詩人多以田園詩的型態表現。日治時期的臺灣，基隆詩社約有十二個，又有中原文豪來臺，基隆一時冠蓋雲集，基隆在地與外省古典文學作家，在寫作心態上呈現兩樣情愫，外省作家運用「國語」書寫，拈來順手創作自如，但本土作家，面對千鈞重荷，最後只能寄情山水，避世逃禍。

1. 戰後來臺寓居基隆的作家

清領、日治及戰後初期，由中國來臺的先民，懷念中國故鄉，尤其中華民國到臺灣這段時間，明知反攻大陸無望，所以在立足之地，視為第二個故鄉，在古典文學中的懷鄉意識，時時可見，1949 年中華民國到臺灣，乃與共產黨長期鬥爭挫敗之結果，因之必須「反共復國」，政治主導一切，文學為政治服務，文壇上興起反共文學之風〔註147〕，故國遺臣或遺民，肩負復國大任，似劉琨與祖逖，只怕獨聽荒雞淚滿衣。

（1）反共文學

熊志一（1904～？　）　〈鷓鴣天──傷時──〉

匪共猖狂俄帝兇，鬥爭清算萬家空，風雲變色鬼神哭，草本含秋土地紅；民主塔，自由鐘，不收大陸負彤弓，狂瀾既倒憑誰挽，海上長城寶島雄。〔註148〕

〔註147〕在 1950 年成立的「中國文藝協會」的宣言中說：「今天的臺灣，是西太平洋一個最雄偉最堅強的堡壘……這是我們義無旁貸的天職，也是我們在艱苦的反共抗俄戰爭中神聖的任務。」詳見尹雪曼總編纂，《中華民國文藝史》（臺北：正中書局，1975 年），頁 79～80。

〔註148〕陶一經，《基隆市志·藝文篇》，頁 101。熊志一，字放青，嶺東人，光復後，抵基隆任教於明德國中。

張健行　〈菩薩蠻──魯王墓──〉

鼓崗湖面圓如月，涓灘沙磧明如雪，漢影寄雲根，當年玉輦停，偏安無王業，孤島難建國，鑑古證而今，加強匡復心。〔註149〕

應俠民（1902～1967）　〈春日海上書懷〉

故國雲山望眼賒，劇憐歲歲負芳華，江南花鳥應思我，海上樓船總作家，有靈犀能破魅，愧無神筆可驚邪，朝來且學劉琨舞，劍氣光芒射碧霞。〔註150〕

隨政府來臺人士，離開自己的故鄉，心繫故鄉，無家問生死，家書無從寄，落日蒼茫，念故國山河，離亂大難，造成亂世兒女的無奈，無人能解；中國大陸變色後，文人紛紛東渡，于右任、溥心畬、李漁叔、陳弘光諸公等，一時鴻儒同時涉水到基隆，無形中鼓舞基隆古典詩風，甚至影響全臺詩風，誠如歐洲文藝復興關鍵之一，為東羅馬帝國的文人雅士到義大利佛羅倫斯城，因此義大利佛羅倫斯城便成為文藝復興的發源地，大陸文人東渡臺灣，助長臺灣文學發展，道理亦然。

（2）懷鄉文學

胡馬依北風，微風往事數不盡，夢裡不知身是客，只盼重敘天倫；月是故鄉明，內心酸楚楚，含淚在他鄉，明年復明年，反攻大陸遙遙無期，在兩岸分治情況無法回鄉，因此借書寫創作賦詩抒懷，及至解嚴後，兩岸可以交流，「傷情舊事驚歸夢，匆匆趕路未曾休」，百感交織，少小離家老大回，換不回似水年華，兒時玩伴白頭見，重返家園，卻放不下臺灣的家，百感交織，雙鄉情結，也是懷鄉文學。

陳文俠〔註151〕（1922～）　〈感時〉

古樹寒雅噪石頭，砧聲又報漢宮秋，風雲龍虎空陳跡，金粉笙歌不解愁；慘淡河山傷牧馬，升沉天地感浮鷗，萬方鵑泣哀多難，落日蒼茫照九州。〔註152〕

〔註149〕陶一經，《基隆市志・藝文篇》，頁101。張健行名雄世，以字行，浙江人，抵基隆後，曾在大學任教。

〔註150〕應俠民，字一鳴，浙江人，一生軍旅生涯，1949年抵基，大同吟社社員，著有《思補室詩集》。

〔註151〕陳文俠，福建霞浦人，雙春吟社社員。福建霞浦人，1947年抵臺，定居暖暖，任職於基隆市政府迄屆齡退休。

〔註152〕陳兆康、王前，《雨港古今詩選》，頁171。

蔣一安（1914～1998）　〈病困旅中〉

清輝冷我心，西陸客愁深；月是故鄉月，情非舊日情。〔註153〕

王超一　〈江城聞笛〉

玉笛誰家起，天街夜色肥，清音傳渺渺，歸思轉依依，

江漢人何處，關山月正輝，梅花空入夢，夢繞舊皇畿。〔註154〕

中國人安土重遷，若非不得已，絕不輕言離鄉背井，然而現實環境中，卻存在著許多原因使人不得不忍痛離鄉〔註155〕，暫時寓居臺灣待有機會再歸鄉，不論是離散、漂流、放逐的移民，既來之則安之，只是有時難免會憶及故鄉舊事，又聞玉笛暗飛聲，何人不起故園情，然由反共文學、懷鄉文學，轉變為立足他鄉，愛他鄉，落地生根，久居他鄉成故鄉，他鄉變成第二故鄉。

張健行　〈暖江居〉

浮生欲泊暖江頭，山愛崢嶸水愛柔，松竹懸崖排翠嶂，軟沙舖岸宿閑鷗，明窗四面迎風月，老屋三椽吊腳樓，為避洪峰權寄椗，補帆整楫待清流。〔註156〕

楊銘珊（1915～1998）　〈暖江別業〉

念年家雨港，早晚暖江行，淺水看魚戲，深山聽鳥聲，

涼亭頻小坐，古廟欲忘情，興罷柴扉掩，紅塵渾不驚。〔註157〕

溥心畬〔註158〕（1896～1963）　〈八堵〉

帝雪搖空壁，翻雲撼石樓，渾如巴峽水，遠送蜀江流，村女淘春粟，

〔註153〕陳青松，《基隆古典文學史》，頁197。蔣一安，字照祖，江蘇人，1949年抵基隆，任國大代表，且任教於海洋學院（今之國立台灣海洋大學）。
〔註154〕陶一經，《基隆市志‧藝文篇》，頁57。王超一，江蘇人，1949年抵基隆，曾創組海風吟社，並任副社長。
〔註155〕王立曾歸納造成思鄉的外部原因大致有六，包括：一、征戍徭役，二、求仕求學，三、戰亂災荒流離，四、遷徙移民，五、經商遠行，最後是現實坎坷導致的失意無著。見王立，《中國古代文學十大主題：原型與流變》（臺北：文史哲出版社，1994年），頁232。
〔註156〕陶一經，《基隆市志‧藝文篇》，頁60。
〔註157〕陶一經，《基隆市志‧藝文篇》，頁65。楊銘珊，湖北鹽利人，1948年定居基隆暖暖，任職基隆市政府。
〔註158〕溥心畬，名溥濡，以字行，精經史百家，工詩詞，擅書畫，著有《寒玉堂詩集》，因其詩、書、畫與張大千齊名，故後人將兩人並稱為「南張北溥」。與黃君璧、張大千以「渡海三家」齊名。

溪童繫釣鉤，三年棲瘴海，於此亦淹留。〔註159〕

戰後從大陸來臺者謂之外省人，不論是文人雅士亦是老兵、平民，於反攻大陸失望之際，常年定居於基隆者，在歲月催人老之時，更易思想起童年故鄉，對暮年之人，尤其感傷萬千。

任博悟（1914～1999）　〈山居〉

性僻耽幽隱，山齋遠市譁，達生情自適，將老鬢先華，

身世多為累，鄉愁未有涯，孤雲溟北去，故壘共梅花。〔註160〕

苗啟平（？～1958）　〈七堵菜園〉（1949年底撰）雜記

民國三十八年春，共匪南犯首都，余隨疏散人員至臺灣，臺北賃屋不易，乃寄居基隆市之七堵。是年秋廣州亦陷，中樞播遷巴蜀，未克從行。余村居多暇，爰墾荒地一畦，同植槿籬，種菜自給。耕耘灌溉，咸出自力，雖筋骨疲勞，而四肢舒暢。菜蔬既霑雨露，葉則芃芃，實則纍纍，各遂其性以生，用得佐餐以養。

……昔黃鷗鴉嘗謂人至日昃，任達之士，託情物外，則自謂有觀化之樂。故鼓缶而歌，不然憂生嗟老，戚戚寡歡矣。今我生不辰，遭逢赤禍，年近耳順，國破家亡，不習運甓之勞，乃躬灌園之役者，此張子肯堂寓生居記所由作也。然羈旅之身雖可因物寄興，而北望中原，猶在塗炭，匡復之念，無時或息。回憶祖宅楹聯，引我開懷山遠近，催人行樂塚高低之句，知夫素位而行，無入而不自得者，君子有焉，余則企望弗及矣。〔註161〕

身陷赤禍大難來臨，旅居七堵開始定居生活，種菜自給，卻不時北望中原，回憶祖宅，風靜落葉方能歸根，落葉若不能歸根總是遺憾。

2. 戰後基隆在地作家

日本治臺時期，臺人被差別待遇縛綁於日人之下，戰後，外省人士取代日本人，形成另一種差別統治〔註162〕，導致人民無法苟同。二二八事件以後，文人或一派漠不關心，或有所批判，不敢發表；若選擇發表，也只能十分隱

〔註159〕陳青松，《基隆古典文學史》，頁200。

〔註160〕陶一經，《基隆市志‧藝文篇》（基隆：基隆市政府，2001年），頁56。任博悟，北平人，抵臺後寓居基隆暖暖，擅長詩書畫，1972年遁入佛門。

〔註161〕陳其寅，《基隆市志‧文物篇》（基隆：基隆市政府文獻委員會，1956年），頁59～60。苗啟平，蘇睢寧人，曾任江蘇省余姚縣長，高中校長，第一屆立委。

〔註162〕陳登武，《臺灣全志卷十二、文化志‧文化事業篇》，頁19。

微，含沙射影；在地的文人也愛自己的鄉土，一方面描述臺灣地方人民生活百態，一方面延續古典文學傳統，不涉政治意識，只書寫地方的生活經驗和記憶，卻成為心靈上的寄託，也可見文風仍非常保守。

周枝萬　〈橫貫公路〉（1961 年全國詩人大會冠軍）

車通中市誇千古，路接東臺鑿萬峰。

疑是神工兼鬼斧，也如復國策羅胸。

〈橫貫公路〉此詩的背景源於國策計畫，東西橫貫公路簡稱中橫，是臺灣第一條溝通東部與西部的公路系統，於 1960 年 5 月 9 日通車，主要開鑿人力來自退輔會國軍官兵，故最後決定由退輔會主導。〔註163〕中橫公路貫穿中央山脈，所經的地形相當多樣化，懸崖峭壁，神工兼鬼斧，從平地直到三千多公尺高的合歡山，中間有隧道、河谷等開鑿，亦經過太魯閣國家公園，鑿過萬峰，開山闢地，又經地震、颱風等天災，造成人員傷亡無數，是臺灣一項偉大的工程，值得一書紀念。

周枝萬　〈簪菊〉（1964 年全國詩人大會冠軍）

為憐清艷襯新粧，獨向籬邊採一場，

花滿不嫌雲髻重，由來黃種有餘芳。〔註164〕

採籬邊融融冶冶黃菊頭上插，添新粧，插滿髮髻不嫌重，菊有節自芬芳，與《紅樓夢》探春的〈簪菊〉「高情不入時人眼，拍手憑他笑路旁。」〔註165〕皆表現出潔身自好、不與世俗同流合汙之氣節。

葉碧（1941～）　**〈彌月油飯〉**

門閭添喜氣，麟趾兆祥嘉，彌月分油飯，親朋不絕誇。〔註166〕

許美滿（1955～）　**〈訪友〉**

隔江忽憶故人情，風雨何如訪戴行；喜見知音心盡慰，西窗剪燭話天明。〔註167〕

〔註163〕橫貫公路資源調查團編，《經濟部橫貫公路資源調查報告》（臺北：經濟部橫貫公路資源調查團，1956 年），頁 1。

〔註164〕廖穗華，《耆宿懷雞籠》，頁 49～50。

〔註165〕曹雪芹，《紅樓夢》（臺北：喜美出版社，1982 年 3 月），頁 379。

〔註166〕陳兆康、王前主編，《雨港古今詩選》，頁 205。葉碧，基隆人，教職退休，酷愛詩畫，曾任基隆詩學會理事。

〔註167〕基隆市詩學研究會，《海門擊缽吟集》第一集，頁 52。許美滿，基隆市人，性耽吟詠，基隆詩學會會員。

柴米油鹽詩酒茶，繪國畫插花賞月，此為基隆文人最樂道之事，偶而三五好友齊聚話桑麻，言談不致於玄之又玄，於字裡行間卻表達出基隆文人的守舊風格。

3. 詩人聯吟大會

基隆雖多雨卻充滿浪漫氣息，在日治時期鋒芒畢露，基隆詩社與臺灣各地詩社時有聯誼，創作風格，趨於田園之樂與「不惹塵埃」的態度，面對世俗，這些作家對於蔣中正，歌功頌德，以第 20 屆「詩人大會」為例，僅列簡表如下：

表 4-4　1987 年臺灣東北六縣市擴大全國詩人聯吟大會作品表

丁卯年臺灣東北六縣市擴大全國詩人聯吟大會 （1987 年 10 月 31 日基隆詩學研究會主辦）	
課題：「武嶺長青」（會長：魏仁德，副會長：陳兆康、蔣孟樑、黃國雄）	
姓　名	詩　作
陳兆康	武嶺崔巍翠色勻，百齡有一紀嘉辰，仁風長拂山容碧，德雨時霑海宇新； 謀國精誠聯五族，興邦矢志奉三民，象賢同是英明主，合頌中華兩偉人。
陳祖舜	武嶺鍾靈出偉人，蒼蒼峙立剡江濱，卿雲繞岫中興象，聖誕懸弧上壽辰； 德比唐虞崇至正，脈連嵩岱仰長春，蔣公此日岡陵頌，維嶽常青紀降神。
魏德仁	武嶺鍾靈誕偉人，天將大任福斯民，恩加海宇風雲壯，德化蓬瀛雨露均； 松柏千層迎聖壽，衣冠萬國拜楓宸，蔣山青共秦淮碧，合繪岡陵不老春
劉宗	抗戰功成靖虜塵，馬關雪恥志能伸，五千年史開新局，億兆民心紀此辰； 瑞滿慈湖三徑暖，祥徵武嶺四時春，冥齡百一神威赫，定佑中華百福臻。
賴東爐	武嶺鍾靈出聖人，巍巍南面剡江濱，仰如岱岳終年翠，呼並嵩山萬歲春； 繞岫卿雲騰糾縵，擎天砥柱比嶙峋，蔣公煆祝重陽節，不老青峰聳碧旻。
鄭水同	冥誕恭逢九九辰，追思領袖紫萸紉，鼎湖龍護慈湖柏，獅嶺鷗歌武嶺椿； 頌繼薩翁吟此日，詩賡屈子壯千春，百齡有一山河壽，大漢天聲震八垠。
江榮標	巍巍武嶺見精神，翠接慈湖勵胆薪，峻比衡嵩攀莫及，明昭日月仰常新； 千秋峭拔雄寰宇，百歲齡過念偉人，虎踞龍蟠徵瑞世，中華道統萬年春。
黃國雄	緬懷龍去感頻頻，天賜雄詞善寫真，澤被蓬瀛移造化，詩昌鱟港起沉淪； 壽觴遙酹慈湖菊，吟筆恭描武嶺春，節紀蔣公逢九日，祥徵一統漢儀新。
邱天來	鬱蒼武嶺本嶙峋，嶽降完人紀令辰，海岱祥徵呼聖壽，賢豪世出福黎民； 爨牆色見三秋麗，道統麻揚大漢春，有慶山容青不改，中華均富局開新。
王錫麗	蔣公鄉里剡溪濱，武嶺崔巍四季春，星耀紫微凝紫氣，峯靈蒼鬱插蒼旻； 高登壽域岡陵頌，遙望神州板蕩頻，觸景興懷先總統，弧懸重九紀生辰。

蔣孟樑	仰止岡陵萬古春，茰花籬菊更親人，巍巍武嶺峰巒秀，鬱鬱慈湖日月新；感憶蔣公匡社稷，猶懷國父拯黎民，百齡有一思恩澤，獻頌題詩紀誕辰。
范素貞	武嶺崢嶸不老春，嵩呼四海紀良辰，聖追孔孟仁無敵，政比唐虞世莫倫；革命精神猶在莒，興邦偉略誓椎秦，慈湖祝嘏詩兼酒，恭獻中華第一人。

資料來源：《海門擊缽吟集第二集》，引自陳青松《基隆古典文學史》，頁300～301。

戰後，在政治環境影響下的基隆古典文學，出現為數眾多迎合政策的作品，但也不乏隱避者，國民政府所推動的文化運動，具有公職身份的文人比較容易妥協，所謂迎合政策的書寫，或出於詩人本身的認同，或不得已的虛與委蛇，應景應酬，或為維持古典文學的活動空間，總之文人迎合官方的文藝政策與歌頌領袖，實有其特殊的時代背景，更有其特定的寫作環境，處於這樣的時代，不宜苛責太過，白色恐怖之陰影，盡現詩人筆端。此次詩人聯吟大會課題是「武嶺長青」，10月31日適值蔣中正冥誕，基隆作家以「武嶺長青」吟詩褒頌蔣氏，基隆在地作家，立身於一個搖擺的時代，不安定的時代，所創造出來的文學，是否出自肺腑之言，有待商榷。

　　1987年7月15日解除戒嚴令，自解嚴後基隆古典文學詩風逐漸改變，1987年10月31日舉辦丁卯年臺灣東北六縣市擴大全國詩人聯吟大會，課題是「武嶺長青」，對領袖表示十分景仰，自1990年之後詩作，已漸漸脫離政治糾葛，1993年11月7日全國詩人大會詩題「北臺鎖鑰」、1996年12月28日基隆詩學研究會主辦擊缽吟會詩題「冬陽」、2001年2月4日基隆詩學研究會主辦擊缽吟會「新春團拜聯吟會」詩題「運起金蛇得意春」、2003年2月23日鼎社第52次聯吟會詩題「春宴」、2005年8月28日臺灣東北六縣市擴大全國詩人聯吟大會詩題「乙酉雞籠中元祭」……已不復見詩作對政治人物的吟詠，威權時代的結束，象徵基隆古典文學正仰首闊步，走向自己的文學之路。

4. 暖暖碑林文學

　　題刻即曰「碑」，石碑羅列成林，故稱「碑林」，三不朽，即立德、立功、立言，對於中國儒家的思想和人生追求有著重要的影響，虎死留皮，人死留名，大者，為國為民，名垂青史而百世流芳；小者，為鄉為里，澤及地方而口碑相傳。

　　　《左傳》云：「太上有三不朽，立功、立德、立言。」所以，石，堅
　　　固硬實，經久不變。刻銘於石，紀功紀德，可以如石一般不朽。自
　　　古以來競相建碑雕文，期以垂之永久;石碑歷盡滄桑，敘述著許多史
　　　實，碑碣堅硬而不朽，史料豐富卻難讀;所有成果盡在圖誌中呈現，

只是等待有心人的仔細發掘。立碑，可以垂之不朽，碑碣的故事透露萬種風情，亦不朽也。〔註168〕

碑文雖不若書籍閱讀方便，但碑文功能主要在於其歷史意義及所包含的書法美學，十分有利於歷史研究、文化旅遊、書法藝術等方面的發展。

（1）暖暖碑林緣起

安德宮於2009年受贈馬英九總統「德澤溥化」匾額，廟埕前有古今文人碑林共十一座，上鐫刻許多文人雅士之詩及簡介，碑誌亦記載基隆暖暖二百年歷史〈安德宮記事〉：

暖暖原名娜娜番音，處於基隆河畔，河身能通船隻，漢人稱此地為港口，又名渡船頭，清乾隆年間，福建安溪估客〔註169〕，由淡水溯舟至基隆貿易。在兩百多年前，暖暖位於基隆河旁，是七堵、平溪、瑞芳、三貂角、石碇一帶的主要貨運轉運中心，港口貿易鼎盛。安德宮位於暖暖老街，清朝乾隆年間，當地仍屬淡水廳，先民由福建安溪來臺，從淡水溯流，沿著基隆河到暖暖貿易，舟中供奉故鄉神像，庇佑先民旅途無恙。後定居此，建廟奉祀。安德宮建於清嘉慶六年（西元1801年），主祭天上聖母，配祀千里眼、順風耳，同祀清水祖師、保儀大夫、西秦王爺、福德正神等。（碑文如圖一）

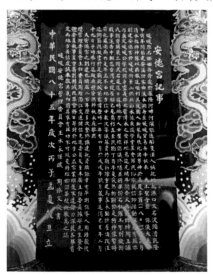

圖4-2　碑文一：〈安德宮記事〉

暖暖區安德宮，香火鼎盛，迄今兩百餘年。曾置會館興學堂，為居民宗教信

〔註168〕何培夫，《臺灣碑碣的故事》（南投：臺灣省政府，2001年），頁2～10。
〔註169〕估客即行商。

仰活動中心，暖暖筆山拱北，多文人雅士；靈義郡乃民間業餘樂團，館設安德宮左側，自組梨園子弟班，獅陣高蹺，調崇北管，演技精湛，蜚聲國際。

　　1996 年全國文藝季，爰以基隆市暖暖采風靈義郡傳奇及建造古今名人墨跡碑林，用以彰顯先賢文化事蹟，鐫刻碑石，並邀本市資深書法家李普同、鄭百福、廖禎祥、施展民、張炳煌、周添文、張明萊、李純甫、潘慶忠、吳政安、蔣孟樑等，執筆揮毫〔註170〕，由蔣夢龍負責雕刻，以此獨特風格，宏揚鄉土傳統文化，立下千秋不替之磐基。〔註171〕陳青松記錄這段文壇美事，傳為佳話。

　　（2）碑林文學的內涵

　　蔣夢龍從小研習書法，受顏真卿、魏碑的影響，字體渾然天成有氣勢，歌詠王廷理：文風武德義薄雲天。王廷理，暖暖東勢坑人，世以農起家，雖屬武舉，頗通文籍〔註172〕，可謂文武雙全的舉人。

　　蔣夢龍（1936～）　〈武魁〉

　　少時猶記訪華堂，高隺旗桿勢蕩揚，一舉成名昭海國，千秋偉業著江鄉。青山秀麗生豪傑，翠茗清芬潤熱腸，暖水依然流日夜，文風武德仰貽芳。

　　丙子年春分。

圖 4-3　碑文二：王廷理〈武魁〉

〔註170〕蔣孟樑，曾承造臺中市省立美術館碑林，允稱專家，曾任基隆詩學會、書道會理事長，中華民國傳統詩會副理事長，著有《蔣夢龍詩書彙集》、《蔣夢龍百聯創作集》。
〔註171〕陳青松，《基隆古典文學史》，頁346。
〔註172〕簡萬火，《基隆誌》，頁33。

〈倪蔣懷先生座右銘〉

金玉非寶，藝術仍是至寶；心靈無形，藝術即其形象。

圖 4-4　碑文三：倪蔣懷〈座右銘〉

張純甫〔註173〕題贈倪蔣懷先生文句：「大自然為粉本　得無我相仍天真」，果真名副其實。倪蔣懷（1894～1943 年），原名君懷，個性謙沖，以藝術為至寶，臺灣第一位西畫家，擅長水彩畫。倪蔣懷經營煤礦事業有成，畢生傾囊貢獻於臺灣美術的發展及培育人才的教育事業，曾任職暖暖公學校訓導，居住基隆火車站附近。於新北市瑞芳區的內瑞芳（柑坪里）經營採礦事業即瑞芳二坑（懷山煤礦），其後代以倪蔣懷之名義捐贈瑞柑國小三間教室作育英才，當地傳為美談〔註174〕，又於昭和 2 年（1927）設立臺灣最早的美術研究社，是臺灣企業家贊助美術的先驅。

何崇嶽〔註175〕（1906～1990）　　〈偶感〉

漫將世味論甘酸，人事何如蜀道難。歷遍紅塵增志壯，劫餘書史讀更闌。高歌偶抱王郎恨，末俗誰憐范叔寒。至竟有情同一慨，愁懷聊藉酒杯寬。

〔註173〕張純甫（1888～1941）字號筑客、客星、寄星、寄痴，設帳授徒、桃李成蹊，詩文著作冠全臺著作有《守墨樓吟稿》20 餘種詩文集。

〔註174〕新北市瑞芳區的內瑞芳（柑坪里）今之瑞芳公園原是倪蔣懷經營的煤礦場之一，當地居民辜家添述及這段往事，對倪蔣懷甚為懷念（109 年 2 月 2 日訪視）。

〔註175〕何崇嶽，字崧甫，基隆人，日治時曾任通譯，大同吟社社員，離鄉隨政府來臺。

圖 4-5　碑文四：何崇嶽〈偶感〉

　　何崇嶽〈偶感〉，寫盡文人的愁緒與滄桑，天地無情，彷若天涯淪落人。由於隨政府轉進來臺，變成離鄉背井的孤臣孽子，且歷盡顛沛流亡之苦；所以，文人的心情是非常沉痛而悲憤，部分作家因感於國家的多難，和自身的漂泊天涯，而致作品中流露出濃濃的鄉愁。

　　王金火〔註176〕（1891～1978）　〈基港春晴〉

　　雞籠社鼓已經敲，紫燕雙雙返舊巢，江上微風吹柳葉，林中旭日照花梢，天收傳統迎佳士，地歛襄陽莫義胞，雨港清和新氣象，紅男綠女遍東郊。

圖 4-6　碑文五：王金火〈基港春晴〉

<hr>

〔註176〕王金火，字雪樵，基隆人，善刻印章，習岐黃，大同吟社社員。

　　春雨綿綿，難得雨港天晴，燕歸來微風吹，空氣清和，男男女女盛裝到東郊，活潑有朝氣，熱鬧滾滾。

陳其寅〔註177〕（1902年～1996年）　〈過暖暖舊居〉

迎眸春樹露嬌容，煙鎖郊瞳雨意濃。兩勢溪流村口匯，一區靈秀竹潭鐘。難尋茅舍臨江宅，遙聽金山古寺鐘。念念不忘疏散地，別來彈指忽三冬。

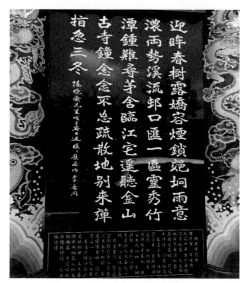

圖4-7　碑文六：陳其寅〈過暖暖舊居〉

　　暖暖山翠露嬌，煙雨濛濛，東勢溪西勢溪匯成暖暖溪，金山寺鐘響，抬頭望舊地，不覺歲月忽忽已過三年。陳其寅的暖暖有古寺鐘聲煙雨，有山翠流水平沙，如此秀美暖暖，文人最愛，蕭蕭寫《暖暖壺穴詩》，向陽〈山村明月〉，芳梓〈來到暖暖〉，就是愛上暖暖。

周植夫〔註178〕（1918年～1995）　〈春曉過西勢坑〉

巷潭澄碧映晴空，略彴低橫石徑通，山撥寒雲迎曉日，竹含宿雨灑晨風，野花爭媚殘春裡，林鳥相呼密葉中，天趣滿前宜細領，韶光九十太匆匆。

〔註177〕陳其寅，號曉齋，字日堯，臺灣基隆市人，基隆文獻會常委，鑽研詩文、史學、譜系學，著有《懷德樓詩草》、《基隆市志‧文物篇》、《琅玕陳氏族譜》等，光復後任大同吟社社長達51載，是名聞全臺的一位詩家。
〔註178〕周植夫，本名孫圍，以字行，暖暖人，為大同吟社、瀛社社員，桃李滿天下，飲譽士林，著有《竹潭詩稿》。

圖 4-8　碑文七：周植夫〈春曉過西勢坑〉

破曉時刻暮光微微，新竹含露水隨風搖曳，林鳥乍醒，野花爭豔，仿佛一幅淡淡的山水畫，韶光似箭，日月如梭，人生太匆匆，悠遊山林之間，周植夫灑然有箕山之風。

5. 古典文學中的海洋書寫

早期以海為生的居民，教育程度不高，又受天候、政府政策、民族性的影響，因之海洋文學不受重視，又來自南島語系的原住民，從海邊、平原移居高山，已逐漸忘卻海洋生活經驗，近年來基隆市政府一直在推廣海洋教育、鄉土教育，舉辦海洋文學徵文，為海洋文學開闢一條新路。

鄭瑪超（1929〜）　〈燈塔〉

鱟港建銘傳，燈臺海角懸，暗礁憑指險，光線照行船；座屹凌雲勢，宵明勝月圓，崇高疑梵塔，航渡佐安全。〔註179〕

邱天來（1936〜）　〈千疊敷遠眺〉（2009 年全國詩選亞軍）

苔石千數翠疊饒，汪洋一水最堪描，鼻頭艦笛傳仙洞，野柳漁歌接社寮；航路雲開檣影密，津門日麗浪花嬌，觀光客向江鄉過，趣得閒鷗弄晚潮。〔註180〕

〔註179〕黃哲永主編，《海門擊缽吟集第四集》（新北：龍文出版社，2006 年），頁 80。鄭瑪超，基隆港務局屆齡退休，性好古典詩，籍貫：福建惠安。

〔註180〕邱天來，《海天詩草》（自印，2011 年），頁 157。邱天來，字號健民，設絳授徒，曾任第 1〜2 屆基隆詩學會理事長，著有《海天詩草》、《杜詩彙評淺釋》、《基隆詩學發展史》。

海在傳統詩中的美學特色,「登山則情滿於山,觀海則意溢於海。」〔註 181〕永遠不變的大海景象:落日、晚霞、星光、濤聲、飛鳥、長堤、燈塔……大海有時豪放,有時深沉,有時狂飆有時溫柔,落霞與孤鶩齊飛,秋水共長天一色,這也是海之所以令人迷戀之處。

6. 基隆紀遊

日治時期,日本積極建設基隆,基隆已具現代化都市規模,戰後基隆隨著經濟開發,且由中國大陸來臺者,大多由基隆進入臺灣,期間有文人墨客,悠遊基隆,吟詠基隆。

堅白〈題基隆周君海上樓〉 1948 年

海上懸高閣,潮來氣欲秋,魚龍繞臥榻,風雨壯行舟,極目天無際,高歌月滿樓,安然作砥柱,不與世沉浮。〔註 182〕

書田〈寫基隆港〉(更漏子) 1949 年

港塘深,防堤展;基地昌隆集散。攬滬廈,控津沙(指東沙,西沙,南沙等群島)遠洋航路賒。仙洞後;牛稠藪;裝卸油煤輻輳。西淡水,右蘇花;港王君足誇。〔註 183〕

此時期至基隆之文人雅士,仍以基隆的地景為書寫對象,基隆為貨物集散中心貿易繁榮地處交通戰略位置險要海洋文學成為熱門主題。

郭保羅〈雨霖鈴・基隆遣懷〉 2015 年

東溟空闊,恨風云起,甲午悲絕。平添國恥無限,當回首處,常懷切、禹域堯疆,瞬息竟遭遇侵奪。愿世代銘記斯仇,兩岸曾經洒鮮血。家和自古長相悅。莫鬩牆、貴在同心結。休令倭寇窺便,重染指、再窮狷獗,北望琉球,釣島依然虎視明滅。奮德威、千里雄風,一掃陰霾歇!〔註 184〕

千般憂愁重重心事,甲午餘恨國恥無窮,願世代勿忘此仇,倭寇至今仍虎視眈眈奪國土釣魚臺,盼望臺海兩兄弟勿鬩牆,家和萬事興。隨著時代變遷,

---

〔註 181〕劉勰著,戴月芳主編,《文心雕龍・神思篇》(臺北縣:錦繡出版社,1992 年),頁 190。

〔註 182〕《路工》第 1 卷第 5 期卷(1948 年),頁 39。

〔註 183〕《海事(臺北)》第 29 期卷(1949 年),37 頁。

〔註 184〕郭保羅,湖北武漢人。〈雨霖鈴・基隆遣懷〉,《志友》〈文藝園地,2015 年 7 月〉,頁 23。

海峽兩岸交流後，言論自由，各自意表，臺灣前途是統一或臺獨，任人抉擇，藉文學表態，不傷大雅。